中华日常礼仪基础教程

第五册

经 礼

张德付 编著

中华书局

图书在版编目(CIP)数据

中华日常礼仪基础教程.第五册,经礼/张德付编著. —北京:中华书局,2019.9
ISBN 978-7-101-13877-1

Ⅰ.中…　Ⅱ.张…　Ⅲ.礼仪-中国-中小学-教材　Ⅳ.G635.5

中国版本图书馆 CIP 数据核字(2019)第 082883 号

书　　　名	中华日常礼仪基础教程　第五册　经礼
编 著 者	张德付
责 任 编 辑	任洁华
出 版 发 行	中华书局
	(北京市丰台区太平桥西里 38 号　100073)
	http://www.zhbc.com.cn
	E-mail:zhbc@zhbc.com.cn
印　　　刷	北京市白帆印务有限公司
版　　　次	2019 年 9 月北京第 1 版
	2019 年 9 月北京第 1 次印刷
规　　　格	开本/787×1092 毫米　1/16
	印张 6¾　插页 2　字数 70 千字
印　　　数	1-10000 册
国 际 书 号	ISBN 978-7-101-13877-1
定　　　价	23.00 元

出版说明

　　经礼，是指《礼经》(《仪礼》)一书所记载的礼仪，是后世礼典的源头。所谓"返本开新"，我们重建礼乐文化生活就必须回到礼仪的源头，对经礼做一番"拆洗"的功夫。"拆"是解构，"洗"是重建。本书即秉持此种方法，对经礼进行介绍，并解释其仪节的意义，偏于解构。至于重建，先贤谓"非天子，不议礼"(《礼记·中庸》)，某实不敢僭越妄为。

　　本书将《礼经》所载礼仪分为家族礼仪、乡党礼仪、邦国礼仪三大类，逐篇予以介绍。家族礼仪包括冠礼、相见礼、婚礼、丧礼、祭礼。相见礼，我们已经吸收到《宾主》一书中，所以本书予以省略。乡党礼仪包括乡饮酒礼、乡射礼。邦国礼仪包括聘礼、燕礼、公食大夫礼、觐礼。《礼经》将燕礼次于乡射礼之后、大射之前。因为大射跟乡射礼仪节类似，本书也予以省略。燕礼、公食大夫礼性质相同，所以我们把燕礼调至聘礼之后、公食大夫礼之前。

　　本书各课内容皆由正文、思考讨论、链接三部分组成。正文细分小节，撮举大要，以便读者能够提纲挈领。思考讨论用以检验所学、拓展思维。链接则尽量选取相关诗词，以增加阅读的兴味。

　　本书正文凡征引经史文字，为保证阅读顺畅，括注出处时，或标举书名、篇名，如"《论语·乡党》"；或标举卷数，如"《晋书》

卷五十"。凡出自《礼经》本篇的文字，不予注释。

　　本书附有配套的测评试题，试题链接二维码在封底，读者可自行扫码在线自测，据以检验自身礼仪知识水平。

重建礼乐文化生活（自序）

自古以来，礼（乐可以统摄于礼）既是中华文化的"心"（民族精神所系），又是中华文化的"身"（攸关社会制度），可以说是中华文化的全副精神与面目所在。两千多年来，作为传统中国人基本的生活样式，礼陶铸着万民的品格，培蓄着民族的元气。

上世纪六七十年代，流寓香港的唐君毅先生基于自身辗转就医的经历，会悟到中华民族传统的生活方式正在消逝，遂提出重建礼乐文化生活的主张。何谓礼乐文化生活呢？唐先生说："礼乐文化生活是指人的自然生命与日常生活本身成为文化的，而文化亦是日常生活中的，亦是属于自然生命的。"（唐君毅《东方人之礼乐的文化生活对世界人类之意义》，收入《中华人文与当今世界》，台湾学生书局，1975年，第606页）也就是说，礼乐文化生活，是要将人的自然生命，通过礼乐的涵养、浸润，转化为文化的生命；将日常生活，通过礼乐的塑造、融摄，升华为文化的生活。这是何等敏锐的洞见。值得庆幸的是，世运几经浮沉，而今国势日隆，重建礼乐文化生活也到了最迫切的时刻，很多人心里都涌动着对文化生活的渴求，流淌在血液里的沉睡已久的文化因子终于开始觉醒。

我们该如何重建礼乐文化生活呢？晚年的朱熹于礼学有一番大的省思。

礼乐废坏二千余年，若以大数观之，亦未为远，然已都无稽考处。后来须有一个大大底人出来，尽数拆洗一番，但未知远近在几时。今世变日下，恐必有个"硕果不食"之理。

——《朱子语类》卷第八十四《礼一》

虽然生于文化肇极的赵宋之世，朱熹基于儒家的理想，并不认为那是礼乐和洽的时代，他认为孔子以来的礼崩乐坏问题，还没有得到解决。朱熹预言后来者必有一番彻底整理，并指明了其方法——拆洗。礼乐有情、有文，识其文者能述，知其情者能作。拆洗就是要据文探情，推本古人制作礼乐的原理，然后秉此原理，斟酌损益，以期契于世用。因此，重建不是复古，而是创造性的再现。具体地说，对于那些适合现代生活的礼仪，我们理应加以发扬。对于那些不太适合现代生活的礼仪，我们则要谨慎地调整，然后再加以发扬。

生活于这个时代，远离战火，乐享太平，而且正迎来中华民族的伟大复兴，我们是何等的幸运！早在九十年前，梁漱溟先生就曾预言："我觉得中国之复兴，必有待于礼乐之复兴。"（《朝话·谈音乐》，收入《梁漱溟全集》第二卷，山东人民出版社，2005年，第122页）

更幸运的是，身处历史的转折点，我们终有机会成为文化的先觉者与先行者，去开启一个文明开化的新时代。《诗》云："周虽旧邦，其命维新。"此之谓也。

目录

重建礼乐文化生活（自序）/ 001

▶ **第一课 经礼概说** / 001
　　经礼名义 / 001
　　经礼传习 / 001
　　经礼要素 / 002
　　经礼分类 / 008

▶ **第二课 冠礼** / 010
　　冠礼名义 / 011
　　冠前准备 / 013
　　三加弥尊 / 014
　　醴冠者 / 016
　　字冠者 / 016
　　责成人之礼 / 017
　　醴宾 / 018
　　笄礼 / 018
　　冠礼之废 / 018

▶ **第三课 婚礼** / 020
　　媒妁之言 / 020
　　议婚 / 021
　　订婚 / 023
　　成婚 / 024
　　拜见舅姑 / 026
　　飨宾 / 028

▶ **第四课 丧礼** / 030
　　魂与魄 / 030
　　寿终正寝 / 031
　　招魂 / 031
　　沐浴、饭含、袭 / 032
　　设奠、设铭、设重 / 033
　　小敛 / 034
　　大敛 / 035
　　朝祖 / 036
　　送葬 / 036
　　下葬 / 037
　　虞祭 / 038
　　丧服 / 039
　　守丧 / 039

▶ **第五课 祭礼** / 041
　　宗庙 / 042
　　祭时 / 042
　　斋戒 / 043
　　立尸 / 044
　　馈食 / 044
　　宾尸 / 046
　　墓祭 / 046

▶ **第六课 乡饮酒礼** / 049
　　乡饮的功能 / 049

谋　宾／051

迎　宾／052

礼　宾／052

乐　宾／053

旅　酬／053

燕　宾／053

送　宾／054

拜　礼／055

慰劳司正／055

▶ 第七课　乡射礼／057

一番射／058

二番射／061

三番射／063

射　义／064

▶ 第八课　聘礼／066

使前准备／067

过邦假道／068

入　境／069

郊　劳／070

致　馆／070

聘　享／071

礼　宾／073

私　觌／073

馈饔饩／074

问卿大夫／074

返国前礼仪／074

复　命／075

聘　义／075

▶ 第九课　燕礼／078

戒群臣／079

陈馔器／079

立宾主／079

礼　宾／080

四举旅／080

乐　宾／081

燕　宾／083

燕　义／083

▶ 第十课　公食大夫礼／086

戒　宾／086

迎　宾／086

正　馔／088

加　馔／088

正　食／088

侑　食／089

拜　赐／089

食礼之废／090

食　义／090

▶ 第十一课　觐礼／092

觐礼名义／093

觐礼仪节／093

会同礼／096

觐　义／097

▶ 跋：观礼者说／099

第一课　经礼概说

经礼名义

周公像

　　经礼，又称礼仪、礼经，简称为礼，它是指周代的各种典礼活动。周公制礼作乐，是经礼的源头。但在很长的时间段内，经礼可能都没有记录成文，只是以实践的方式传承，至春秋时代，才记录成文。恤由去世，鲁哀公派孺悲跟孔子学习士人的丧礼，《士丧礼》于是被记录下来（《礼记·杂记下》）。这应该是最早成文的礼书。《礼经》（即今《仪礼》）成书之后，经礼便主要是指《礼经》所记载的典礼了。

经礼传习

　　孔子身处"礼崩乐坏"的时代，但他一生倾心周礼，自觉传承周代的礼乐文化，以礼乐设教，并促成《礼经》成书。不论是在礼学史上，还是在中国文化史上，孔子都是承前启后的重要人物。

　　孔子的弟子及再传弟子多传习《礼经》，而且有非常精辟的见解。至战国，孟子、荀子都精通礼学，而荀子对经书的传习做出了更大的贡献。秦始皇焚书坑儒，对《礼经》传习是一次很大的打击。汉初，高堂生传习《礼经》，有十七篇。高堂生的后学有戴德、戴圣叔侄二人，他们各自编有《礼记》传世。东汉郑玄第一次为《礼经》全书做注释，构建了严密的礼学体系。

随着世运的变迁，如今国力日盛，文化复兴的势头越来越强，朱熹提出的对古礼进行解构、重建的设想，在今天具有迫切的现实意义。

孔子像

郑玄像

《士相见礼》简
（武威汉简《仪礼》）

朱熹像

经礼要素

一般来说，任何一项礼仪活动，都必然会涉及礼节、礼器、行礼者、礼容、礼义五大要素。这五大要素各有相应的原则需要遵循。

礼节

礼节，即礼仪活动的流程。理想的礼仪活动，应该自始至终有条不絜，张弛有度，存在一种内在的节奏、韵律，犹如一首乐曲。

一项复杂的礼仪活动，必定由若干礼节构成，它们依照一定的次序，呈现在一定的时间、空间里。如果安排不够妥当，礼仪就会拖沓、冗长。季孙氏举行祭祀，天还没亮就开始，忙活了一整天还没有祭完，又燃起火把，继续进行。即便行礼者有强壮的体格、恭敬的内心，到这时也都疲倦不堪，心生

子路知礼

懈怠了，许多执事人员都跛立着或者倚靠墙壁站立着。子路当时担任季孙氏的总管，见此情形，自然不满意。过了一段时间，季孙氏又举行祭祀，子路便对祭祀礼节调整一番。黎明时分开始，到了傍晚就完成了。孔子听说后，大赞子路懂礼（《礼记·礼器》）。

礼器

举行礼仪活动所使用的宫室、服饰、器物等，可以统称为礼器。礼器是表现礼制等差的重要因素。服饰，我们放在《冠礼》中再予以分析。器物分为祭器、燕器、明器，各有相关的礼仪要求，我们之前已经讲解过（参《中华日常礼仪基础教程》第四册），在此不再重复。下面简要分析一下宫室方面的礼仪问题。

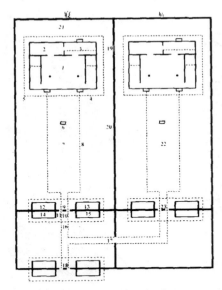

士宫图（选自沈文倬《周代宫室考》，载《浙江大学学报》（人文社会科学版）2006年第3期）

云塘周代建筑复原示意图（选自刘瑞《陕西扶风云塘、齐镇发现的周代建筑基址研究》，载《考古与文物》2007年第3期）

礼仪活动是因循建筑的空间而设计的，它反过来也赋予建筑空间一种文化意义，对建筑空间作出了功能的区分。

经礼中的宫室，若据士人宫室而论，其大体格局为左庙右寝，寝门外有大门（也称外门），庙又有庙门，寝、庙有门可通。寝、庙的格局，大体相同。庙筑于夯（hāng）土台上，坐北朝南，前为堂，后为室，旁为房。堂朝南敞开，有两个台阶与庭连接，阶下各有一条小路通向庙门。

室、房是封闭的，而堂则是开放的。士一房一室，故有"一堂二内"（《汉书·晁错传》）之说。既然说是内，就是相对私密的空间。堂为开放的空间，是经常行礼的地方（故后人谓行礼所用的建筑为礼堂），具有公共性。此为建筑空间的公私之别。

庭院中有东、西两条道路，分别通向东、西两阶。这样的空间格局，不知起于何时，考古发掘证明周时礼制建筑确实如此（见图）。在此种空间里，宾主对等，分庭抗礼：宾走庭西，从西阶升堂；主人走庭东，从阼阶升堂。阼阶之上，是主人的位置；堂上坐北朝南是宾的位置。此为建筑空间的宾主之分。

礼重男女之别，建造宫室时，就要辨明内外，男子居外，女子居内。内外之间，深宫固门，有人专门看守，男子不轻易进入内室，女子不轻易出至外庭。此为建筑空间的男女之别。

父子之伦在建筑空间上也有体现。《礼记·内则》规定，士人以上，父子异宫而居。如果父子同居，那么为人子者，行、住、坐、卧都要避开尊位。阼阶尤具有重要意义。士为嫡长子加冠，在主人位的北边行礼，属阼阶上。因为阼阶上为主人之位，嫡子在此处行冠礼，表示将来要代替父亲主持家事。庶子既然没有资格代替父亲主持家事，也就不可以在此处行冠礼。此为建筑空间的父子之伦。

宫室

服饰

器物

礼器

总之，经礼中，宫室的空间，被赋予丰富的人际与人伦内涵，具有深厚的文化意义。后世，这种空间格局虽然被打破，但是其功能区分与文化意义多少还是延续下来一些。人们日常起居的建筑空间，对人伦、人际其实具有一种潜在的塑化作用。而现代社会的建筑大多偏重实用功能，很少顾及文化意义，这是亟须改进的地方。

行礼者

经礼中的行礼者，主要包括宾主、赞者、有司三大类。任何一项礼仪活动，基本都是由宾、主两方人员构成（宾方有众宾客，主方有众主人），而宾、主可以视为礼仪活动的主角。即便是家族祭祀，主人也要邀请宾客参与，并且担任终献（第三次献祭）之职（《仪礼·特牲馈食礼》）。这充分表现出，经礼具有一种公共精神，并不是封闭的系统。

行礼者

宾、主人又都会有助手，宾的助手称为介，主人的助手称为相（或摈者），它们又可以通称为赞者。相在经礼中，有时要起主持（执礼）的作用。先秦时代，礼是贵族子弟的必修科目，他们对礼仪都比较娴熟，所以相在礼仪中的作用并不是很大，礼仪活动似乎也不需要由专职人员来主持。到了后世，人们对礼仪相对生疏，相的作用就逐渐重要起来，最终演化为执礼者主持礼仪，甚至成为一种专门的职业。

有司是指礼仪活动中的具体执事人员，他们负责后勤等方面的事务，以保障礼仪活动顺利进行。

礼容

礼容，是指行礼者在礼仪活动中的进退俯仰、揖让周旋等威仪。礼容以门内、门外为界，而有不同的要求。门内是天然血亲，彼此交往以真情为主，偏重内在（情），不需要太多的客套。门外没有血缘关系，彼此交往以道义为准，外在（礼貌）必须周全，一般要矜持庄重。

行礼者要根据自身在礼仪中的角色，展现相应的礼容。祭祀当天，由于主人、宾客与祭祀对象的关系不同，他们的礼容也就有很大差异。孔子举行秋祭，亲自进献祭品时，行步匆促，少有威仪。事后，子贡问道："老师说，祭祀时要有庄重的仪态、戒惧的精神。但是您自己祭祀，却不是这样的，为什么呢？"孔子说："仪态庄重是宾客的仪容，那是表示疏远。精神戒惧，是宾客的心理，用以修正自身（《礼记·祭义》。此

礼容

处据《经典释文》所引本子）。如果主人那样的话，怎么能与先人的灵魂感通呢？"家祭时，祭祀对象是主人的父、祖，主人行礼时应该容色温和，充满喜悦，不可以矜持庄重。

礼义

礼义，主要是指礼节所蕴含的义理。礼义，是礼节设置的理论根据。礼节，是礼义的外在表现。

毋庸置疑，礼义为体，礼节为用，二者都很重要，不可偏倚。如果只重礼义，不拘礼节，一味追求洒脱，常不免惊世骇俗。子桑户去世了，他的挚友孟子反、子琴张在丧礼上，一个编曲，一个弹琴，唱起歌

礼义

来。子贡前来吊丧，问道："临尸而歌，合礼吗？"两人相视而笑，说："这人哪里懂得礼义？"（《庄子·大宗师》）这是典型的只重礼义，不顾礼节的行为，世人一般都无法接受这种做法。当然，如果不明礼义，只是拘守礼节，也不免迂腐。

五大要素，对经礼来说，都是不可或缺的。只有合理地运用五大要素，礼仪活动才会充满韵味与美感，从而升华为一种艺术。

经礼分类

我们以《礼经》为本位，根据举行礼仪主体的差异，对《礼经》诸篇进行分类，分为家族礼仪、乡党礼仪、邦国礼仪三大类。

家族礼仪主要包括：冠礼（《士冠礼》）、婚礼（《士昏礼》）、丧礼（包括《士丧礼》、《既夕礼》、《士虞礼》、《丧服》）、祭礼（包括《特牲馈食礼》、《少牢馈食礼》、《有司彻》）。相见礼（《士相见礼》）虽然是个人行为，但我们也把它归于此类。

乡党礼仪主要包括：乡饮酒礼、乡射礼。

邦国礼仪主要包括：燕礼、太射、聘礼、公食大夫礼、觐礼。

思考讨论

经礼五要素对礼仪活动来说都具有怎样的作用？

链接

闲居杂咏·礼

宋·陈 淳

礼者人之门，节文自中根。所主一以敬，出入无不存。

（陈淳《北溪大全集》卷一）

至日庙祭后饮从弟声之斋

清·方 文

霜落山城叶尽凋，吾家祠树未萧条。可怜绵蕞行周礼，安忍衣冠改汉朝。天地难逢阳长日，壶觞莫负日月宵。归人只在墙东住，春草池塘梦不遥。

（方文《嵞山集》卷七）

第二课　冠礼

　　儒家并不执着于个体的自然生命，而是把它融入人群的大生命体中去，以无上的勇气，肩负起应尽的责任，因此更注重节制与和顺，节制即礼，和顺即乐（钱穆《礼乐生活》，收入《新亚遗铎》）。

　　儒家对人生节点的认识是这样的：

　　　　人生十年曰幼，学；二十曰弱，冠；三十曰壮，有室；四十曰强，而仕；五十曰艾，服官政；六十曰耆（qí），指使；七十曰老，而传；八十、九十曰耄（mào）；七年曰悼。悼与耄虽有罪，不加刑焉。百年曰期、颐。（《礼记·曲礼上》）

　　先贤观察到，人生基本是每十年为一个节点，若以百岁为寿，则人生有九节。幼、弱、壮、艾等，是个体自然生命的演化过程，无人能外。学、冠、有室、强等，是个体文化生命的成长过程。十岁以下，心智未开，天真烂漫，只堪怜爱（悼）。十岁至十九岁，血气未定，然心智已开，正是学习的黄金时期。二十岁是人生一大节点，身体发育已经成熟，通过系统学习，初步具备立身行世的能力，给他举行冠礼，从此可以算作是真正意义上的人（成人）。成人之后，即可娶妻生子，三十岁是婚娶的上限。先贤认为，从二十岁至四十岁，主要是履行家庭责任的时期。四十岁，智慧通达，可以出仕做官，为人群服务，恪尽社会责任。五十岁气力渐衰，头发苍白（艾），可以独当一面，担任大夫，主持某方面的政务。六十岁老景渐至，然而阅历丰富，不亲执事务，只从旁指使。七十岁已至老境，家事传给子孙，官政还给君主，以安享晚年。八十岁、九十岁，精华渐尽，心智已衰，不免昏忘（耄）。人年百岁，大多不能知道衣服寒暖、饮食气味，需要子孙精心养护（颐）。八十岁以上、七岁以下，理性不足，不能对自身行为负责，虽然犯了罪，也不追究其法律责任。

诞生，只是自然生命的生成。成人，才是文化生命的成就。所以，学习传统文化是个

冠礼

体将自然生命转化为文化生命，融入文化生命共同体的重要途径。毋庸置疑，人生九节之中，二十岁最为重要。二十岁之前，个体的自然生命（生理）、文化生命都还未成熟，无法对个人行为负全部责任，社会因此也不以成人的要求责成他。二十岁之后，社会才对他责以成人之礼，其后的社会活动，便都是他文化生命的展开。从这个意义上来讲，冠礼可以说是人生第一大礼。

冠礼名义

许多民族都有自己的成年礼，具体仪式可谓五花八门。西方民俗学家曾把它称为"发身礼"（rites of puberty。江绍原著、王文宝整理《中国礼俗迷信》，

渤海湾出版公司，1989年，第231页）。这个名词偏重于生理发育的成熟。冠礼更注重文化生命的成长（成德），而且有其深厚的历史内涵与文化意义。

我们的先民很早就学会了沤麻织布、养蚕缫（sāo）丝，并将服饰提升到文化的高度上，自觉地与周边民族"皮服"（冀州"岛夷皮服"。《尚书·禹贡》）、"卉服"（扬州"岛夷卉服"。《尚书·禹贡》）等形态相区别，发展出一套高度发达的衣冠文明，自称华夏。

服饰被纳入礼仪规范，它有男女之别、老幼之分，是礼仪活动的观瞻所系。若就人一身而论，首有元服（帽子，分为冠、弁、冕三类），上身为衣，下身为裳，足有袜、履。一般来说，上尊下卑，元服最尊，所以礼服就常用配套的元服来命名。

礼仪规定，童子的服饰与成人不同。成人参与社会公共活动，必须修饰一番，总要拥有几套礼服才行。根据使用场合的不同，周代成人礼服主要包括（以下根据士人来介绍）：朝服、朔服、祭服等。朝服，是上朝议事、办公所穿的礼服，它的上衣为玄端，下裳为素裳。若把下裳换成别的颜色，如玄色、黄色或杂色（前玄后黄），则称为玄端。朝服，也是日常交际的礼服，可以算周代的常礼服。朔服，是月初拜见国君所穿的礼服，周代为皮弁服。祭服，是参与国家祭祀活动所穿的礼服，周代为爵（què）弁服（《仪礼·士冠礼》）。童子不具备参与社交活动的资格，所以没有礼服，平时并不戴冠，身穿彩衣。老莱子彩衣娱亲，正是因为彩衣是童子服。

一个人由童子而成人，其社会身份发生质的变化，礼仪就用服饰作为一种外在表征，对此种身份的变化进行认定。士人的成人礼，所用的是玄端（对应的冠为缁布冠）、皮弁服、爵弁服，分别代表他具有了参与人际交往、出仕为官、参与国家祭祀等活动的资格。因为元服（冠）最尊，所以成人礼就被称为冠礼。

有人把成年与成人的概念等同起来，这里需要辨析一下。成年偏重

于生理的成长，现在法律规定十八岁算是成年。不管你心智成长如何，只要年满十八岁，自然就成年了。成人是一个文化概念，它更偏重于心智的成长，古礼规定二十岁成人。即便年龄已到，若心智发展跟不上，也不能说已成人了。所以，我们把冠礼称为成人礼，才更准确。

冠前准备

冠礼作为人生第一大礼，被视为礼之始，所以古人极为重视冠礼。冠礼在家庙中举行，这是表示如此重大之事，主人不敢擅作主张，要依先人的意愿行事。

冠龄

士人加冠的年龄，有人说是十九岁，有人说是二十岁。这大概是因为有虚岁、周岁的差异。曹元弼说，满十九周岁后一个月即可以举行冠礼（曹元弼《冠月考》，收入《礼经学·解纷第五》）。

依古礼，一般人十五岁成童，二十岁成人，那是根据当时的学制，到了十五岁、二十岁恰好完成相应的学业，心智开发到一定程度。根据现在的学制，高中毕业，学生年龄一般恰在十八岁左右。今天不妨把高中毕业之年作为行成人礼的年龄，不必拘于二十。

择日

冠礼属于嘉事，行礼之前，要先选择吉日良辰，然后到家庙门外，占问吉凶。

古礼筮日仪节太过复杂，后世没有沿用，而采取更简单的方式择日。司马光的做法是：用两枚铜钱（今天可用硬币）掷于盘中，一正一反为吉，都是正面为平，都是反面为凶（《书仪》卷二）。如果

筮法图

通晓筮法（筮仪参朱熹《周易本义》），当然可以采用古礼。如果不了解筮法，采用司马光的方法也未尝不可。

戒宾

家中遇到吉庆之事，总是希望亲朋好友一同庆贺，分享喜悦，这是人之常情。择定吉日之后，主人就可以通知亲友，礼称之为戒宾。按照古礼，宾客接到邀请，礼辞一下，然后答应。

冠礼前三天，主人要在同僚或朋友中，选一位德望高的人作为正宾，为儿子加冠。选定之后，也要占问一下吉凶（筮宾）。筮宾仪节与筮日相同。正宾人选确定之后，主人登门表达希望正宾为儿子加冠之意。正宾固辞，然后答应。主人将行礼的日期告诉正宾。另外，还要邀请一个人作为正宾的助手（赞冠者）。主人也要把行礼的日期告诉赞冠者。

为期

冠礼前一天傍晚，主人的兄弟、有司（执事人员）集合到庙门外，管家宣告次日黎明时分行礼。摈者告诉兄弟、有司。摈者还要前往宾家再通知一下。择日、戒宾、为期都是重冠礼的表现。

三加弥尊

冠礼当天，主人家一大早就起来，陈设礼器，然后各就各位，等待宾客前来。将冠者（即将加冠，故称将冠者）身穿彩衣，头梳发髻，站在房中。

宾客至，主人亲自出门迎接。主宾来至庙中，主人、正宾都升堂。赞者盥手，然后进入房中。主人的赞者在阼阶上偏北的位置铺设一张席子。将冠者从房中出来，来到堂上，面朝南站立。赞冠者把行礼所需的器物放在席子南端。正宾向将冠者作

童子服

揖，将冠者就位，坐下。赞冠者为将冠者梳理头发，梳好后，用一块黑缯把头发包裹起来。正宾降堂，准备盥手，主人推辞一番。正宾盥手后，升堂，正一正将冠者的裹发布。正宾降下一个台阶，从有司手中接过缁布冠，来到将冠者跟前，说一番勉励与祝福的话（令月吉日，始加元服。弃尔幼志，顺尔成德。寿考维祺，介尔景福），然后坐下，把缁布冠戴在将冠者头上，站起来，回到原位。赞冠者帮助将冠者把冠戴好。冠者（即前面的将冠者。已经加冠，故改称冠者）站起来，正宾朝他作揖。冠者进入房中，换上玄端之服。冠者换好衣服，还来到堂上，面朝南站立，向众人展示自己的容仪。此为初加。

缁布冠

　　再加的礼节与初加基本一致，只是所用的冠是皮弁，衣服是皮弁服。冠者出房之前，还要修饰一番。

　　三加，用爵弁，换上爵弁服，其他礼节跟再加基本一致。

　　三加所用的冠服越来越尊贵，是希望冠者修身进德，能够配得上这些礼服（内心修德，外被礼文。《说苑·修文》）。三加是以冠服作为表征，赋予冠者与之相应的权利或资格。

玄端

皮弁服

爵弁服

醴冠者

醴冠者，还是由赞者协助正宾。主人的赞者先撤去三加时的礼器，并在客位（堂上南面位）铺设一张席子。正宾向冠者作揖，冠者来至席子西端，面朝南站立。赞者酌醴，递给正宾。正宾来至席前，致祝辞（甘醴惟厚，嘉荐令芳。拜受祭之，以定尔祥。承天之休，寿考不忘）。冠者接过酒杯，拜谢正宾之后，祭食，祭醴，然后品尝一下醴，再次拜谢正宾。冠者取脯（干肉），去拜见母亲。

三加之后，冠者已经成人，首先就具备了与社会上其他成人叙宾主之礼的资格，其他权利还处于潜在的状态，需要被任命为士之后才能真正拥有。而与其他成人叙宾主，则是其他一切权利的基础。所以，冠礼三加之后，马上来一次宾主之礼的肄习——醴冠者。醴冠者，其实相当于醴宾，所以是在客位（堂上南面位）举行。醴宾是人际交往活动中，主人答谢宾客的常规礼仪。醴冠者是冠者第一次享受宾客的待遇。父子之间不叙宾主，此时不宜由父亲献醴给冠者，所以需要由正宾来行礼。这也是父亲邀请正宾为儿子加冠的深层原因所在。冠者将脯交给母亲，表示自己完成了成人仪式。

字冠者

冠者见母亲之后，来到堂下。正宾宣布冠者的字，并叮嘱一番（礼仪既备，令月吉日，昭告尔字。爰字孔嘉，髦士攸宜。宜之于假，用受保之，曰伯某甫），冠者允诺。至此，正礼已经结束，正宾退出，主人送至庙门外，请求醴宾。正宾礼辞，然后答应。

古人有名、有字。名是出生三个月之后，父亲（或祖父）所取。字，则是加冠时，正宾所拟。先贤认为，名是"幼小卑贱之称"（《白虎通·姓名》），既然冠者已经成人，其他社会成员就不可以再直呼其名（敬其名），所以要给他取字。

字往往寄寓着尊长对冠者德行方面的期望。后世，士人即便不行冠礼，也会请所尊敬的师长为自己取字，而师长则会作一篇"字说"，阐发所取"字"的意义。苏轼就曾给一位名叫杨荐的年轻人取字"尊"，希望他立身行世能够自爱自重（苏轼《杨荐字说》）。

责成人之礼

正宾为冠者取字之后，冠者就去见兄弟、赞者、姑姊等人。兄弟等见到冠者，都要先向他拜以致敬，冠者答拜。一般情况下，都是卑者先作礼（参《中华日常礼仪基础教程》第一册），此时却是尊长先作礼。

拜见亲人之后，冠者换上初加的礼服，戴上玄冠，带着礼物（野鸡），去拜见国君、卿大夫、乡先生（同乡贤达）。这是冠者第一次以成人的身份拜见亲人、国君、卿大夫等。拜见这些人可以视为成人责任的一种宣示，表示从此以后，他将拥有成人的权利，而其他人也可以用成人的礼仪来责成他，"责为人子、为人弟、为人臣、为人少者之礼行焉"（《礼记·冠义》）。

师长可以在此时给冠者一些教诲。如晋国赵武加冠之后，拜见晋国卿大夫栾武子（栾书）等人，栾武子等人都给他一番劝勉。栾武子说："美啊！我曾辅佐你父亲。你现在正当年，如同盛开的花，只是不知会不会结出果实来，你以后要多务实啊！"

范文子（范燮）说："现在你可要警惕啦，贤人受宠会更加谨慎，德行不足的人常因受宠而骄傲。先王最反感的就是骄傲啊！"

韩献子（韩厥）给他的训诫是："你要谨慎啊！在成人之初，你如果亲近善人，善人再推荐善人，那么不善的人就无法来到自己身边了。如果一开始就亲近不善的人，不善的人又引进不善的人，那么善人也就无法来到自己身边了。这就像草木一样，各以其类聚在一起。人加冠成年，好比宫室有了墙壁、屋顶，已经完备了，只需时时打扫，其他还有什么可以增益的呢？"

最后拜见张孟，赵武把前面几位的教导叙说了一遍。张孟说："说得好啊！如果你听从栾书的话，就可以不断进步；听从范燮（xiè）的教导，可以恢弘德行；听从韩厥的训诫，可以成就一番功业。他们的教诲已经很完备了，能否做到就要看你的志向了。"（《国语·晋语六》）

醴　宾

正宾为主人的儿子加冠，事毕，主人理当酬谢宾客。主人以醴招待正宾，采用一献之礼的模式（献、酢、酬），并送给正宾五匹帛、两张鹿皮。醴宾后，主人送宾至大门外，再拜。主人派人把牲体送到宾家，礼称为归（通"馈"）俎。

笄　礼

周代，女子只有笄，不戴冠，所以其成人礼不称为冠礼，而称为笄礼。女子许嫁之后，母亲为主人，邀请女宾，为其行笄礼，取字。其他仪节与冠礼类似，不过可能只有一加。宋人所编礼书，仿照冠礼，拟制了详细的笄礼仪节，可以参考（朱熹《家礼》卷二）。

冠礼之废

隋代大儒王通说过一句名言，"冠礼废，天下无成人矣"（《文中子·礼乐》）。秦汉以后，虽然有些士大夫也关注冠礼，何休（东汉时期今文经学家）曾撰有《冠仪约制》（只一加），王堪（西晋大臣）曾为孙子、外孙四人举行过一次集体冠礼（并参杜佑《通典》卷第五十六），但普通士大夫之家很少举行冠礼。

明清易代之际，统治者推行剃发易服的文化高压政策，从根本上改变了国人数千年来男子蓄发的传统。这段的历史最终导致冠礼在清代的官方礼典中消失。

思考讨论

为什么父亲不亲自为儿子加冠？

链接

教子诗

宋·余良弼

白发无凭吾老矣，青春不再汝知乎。年将弱冠非童子，学不成名岂丈夫？幸有明窗并净几，何劳凿壁与编蒲。功成欲自殊头角，记取韩公训阿符。

（《全宋诗》卷四六四）

赤侄孙敢名圭行冠礼一首

宋·刘克庄

冠非责童子礼，儿必读手泽书。箪瓢回也不敢，宗庙赤尔何如？

（《后村先生大全集》卷第四十七）

第三课　婚礼

　　按照古礼，男女青年举行成人礼之后，就具备了婚配的资格。男属阳，女属阴，男女结合，就如阴阳和合、天地交泰，所以举行礼仪所选取的时间点都是具有象征意义的。使者议婚在昕（xīn）时，新郎迎亲则在昏时。昕时，太阳将出，男方使者前往女方家中议婚，是取阳（昼）来阴（夜）往之意。昏时，太阳刚落，新郎前往女家迎接新娘，是取阳往阴来之意。而迎亲是婚礼的核心环节，所以就用"昏"来给它命名，称之为"昏礼"。后人又在"昏"旁添加一个"女"字，便成了"婚"。"日黄昏以为期"（屈原《离骚》），这正是婚礼得名的缘由。

媒妁之言

　　传统社会，婚姻必须经过父母之命、媒妁之言。若有意与女方结为二姓之好，男方需要先请媒人从中说合，女方应允之后，才进入议婚阶段。父母之命、媒妁之言主要起远耻辱、防淫佚的作用（参《中华日常礼仪教程》第二册）。

　　礼，亲父不为其子媒（《庄子·寓言》）。父亲尚且不可为儿子做媒，自己更不可以毛遂自荐了。冯素弗为人放荡，不修小节，他刚成年，就自己跑到韩业（后燕尚书左丞）府上请求与其女儿结婚，遭到了拒绝。他又跑到高邵（后燕尚书郎）家请婚，同样碰了一鼻子灰（《晋书》卷一百二十五）。

　　《诗经·豳风·伐柯》说："伐柯如何？匪斧不克。取妻如何？匪媒不得。"所以，后世便把做媒称为作伐。媒人，又称冰人。晋人令狐策梦见自己站在冰面上，跟冰底下的人说话。索紞（dǎn）为他解梦，说："冰上为阳，冰下为阴，此梦象征阴阳之事。《诗经》说：'士如归妻，迨冰未泮'，必定是指婚姻之事了。你在冰上与冰下的人说话，是替阳（男方）向阴（女方）传话，这是媒介之事。看来，你要替别人做媒，冰融化的时候，婚事就成了。"（《晋书》卷九十五）后来，此事得到了应验，从此人们便把媒人称为冰人。

令狐策做了一个奇怪的梦，梦到冰下有人跟他说话。

晋人令狐策

你在冰上与冰下的人说话，是替阳（男方）向阴（女方）传话，这是媒介之事。看来，你要替别人做媒。

冰人的来历

　　近代以来，人们崇尚婚恋自由，婚姻自由也被写入了《婚姻法》。然而，父母之命、媒妁之言也并没有完全被废弃。现代社会，人们的婚姻基本上采取同意婚或许可婚的形式。同意婚，是指父母为子女择偶时，要征得子女的同意。许可婚，是指子女自由恋爱，步入婚姻时，要获得父母的许可。

议　婚

　　婚礼的功能是，对上事奉先人，对下绵续后代，意义重大，理应重视。六礼都是在女方家庙中进行。女方应允媒人之后，男女双方便正式进入了婚礼的程序。按照古礼，婚礼有纳采、问名、纳吉、纳征、请期、亲迎六道程序，称为"六礼"。我们根据仪节的性质，把六礼分为议婚、订婚、成婚三大环节。纳采、问名、纳吉，属于议婚；纳征，属于订婚；请期、亲迎，属于成婚。

纳采

纳采，是男方派使者正式向女方提亲，给女方送礼。采，是采择、选择之意，表明此为未定之事，是男方慎重的表现。可以议婚的人家很多，男方只是女方的一个选项，为表达诚意，携带礼物而来，不敢肯定女方一定会答应，所以只称为"纳"，收与不收，听凭女方定夺。所以，"纳采"既是男方的自重，也是对女方的尊重。

纳采所用的礼物是雁。雁是候鸟，随着季节的变换，按时迁徙往来，飞行时排成行列。婚礼用雁有三重寓意：一、取其按时迁徙，寄寓让女子及时婚配之意。二、取其随阳（雁为阳鸟），寄寓妻从夫之意。三、取其飞行时排

弋射

成行列，表明嫁娶时，长幼有序，不相逾越（《白虎通·嫁娶》）。

行礼当天，主人要在堂上为先人设席位，以表示听命于先人。男方使者来至主人家大门外，由摈者通报来访之意。主人出门亲自将使者迎到堂上，使者向主人表达男方的意愿，然后把大雁送给主人。纳采完成，使者降堂，出门。主人降堂，把大雁交给管家。

问名

使者出门后，并没有立即返回，而是在门外等候。摈者问是否还有其他事宜。使者说："请问名。"问名的礼节跟纳采基本相同。

有学者认为，问名是问女子的姓氏。这种说法恐不可取，因为女

方的姓氏在媒人说合之前就应该已经清楚了。问名除了男方用以占卜吉凶外，大概还有明确婚配对象，防止冒婚的用意。白居易就曾审理过一起冒婚案件，不过，此案却是男方冒婚。男方本答应让嫡子与女方婚配，结婚时新郎却变成了庶子。事情败露后，依法离异。女方要求追还妆奁，并提出可以用对方聘财来折换。白居易的判决是，此事男方应负全部责任，聘财不必归还男方，妆奁必须归还女方（《白氏长庆集》卷六十六）。传统法律有关于冒婚的规定：女家冒婚，判处有期徒刑一年；男家冒婚，罪加一等。若尚未成婚，双方要依照本来约定成婚。若已经成婚，则要离异（《唐律疏议》卷第十三）。

纳吉

问名之后，男方要占卜吉凶。若卜得吉兆，男方还要派使者告诉女方，称为纳吉。纳吉的仪节跟纳采类似。

一般情况下，不论是男方，还是女方，如果卜得凶兆，议婚可能就要以失败结束了。当然，也有例外。晋献公把女儿嫁给秦穆公，占卜得到的卦象不太吉利，正卦为归妹，变卦为睽（kuí），史官认为这预示两国将会兵戎相见，晋国大败（《左传》僖公十五年）。但是，晋献公还是把女儿嫁了出去，这大概是出于政治利益的考虑吧。

订　婚

纳征，就是致送聘礼，后世称为下聘，其实就是订婚。纳征的仪节跟纳采一样，只是所用的礼物不同。纳征的礼物是五匹帛（三匹玄色，两匹浅绛色）、两张鹿皮。之所以是三匹玄色、两匹浅绛色，是有寓意的：玄色象征天（男），浅绛色象征地（女）；三是阳数，二是阴数。古礼明确规定，嫁女娶妻，聘礼不许超过五匹帛（《周礼·地官·媒氏职》）。这是为了维持风俗的淳朴良善，防止社会出现奢靡的风气。

征，是成的意思。女方接受了男方的聘礼，双方的婚姻关系正式确定下来，便具有了法律效力。唐代法律规定，只要女方接受了聘财，就不许悔婚，悔婚者要被杖打六十，婚姻仍要如约进行。男方如果悔婚，不追究其法律责任，但不得追回聘财（《唐律疏议》卷第十三）。

纳征是从男方来说，若从女方来说，则是许嫁。女子许嫁之后，要行笄礼，从此佩戴缨饰（女子许嫁，缨。《礼记·曲礼上》），表明已有归属。然后，女子要在祖庙中接受三个月的培训，系统学习妇德、妇言、妇容、妇功。学习完成之后，举行祭祀。

成　婚

请期

男方择定婚期后，通知女方。为表示诚意及谦让，使者到达女家后，要先请女方选择吉日。女方推辞，请男方选定。使者便把选好的日子告知女方，此为请期。请期的仪节，跟前面的礼仪基本一致。

亲迎

亲迎，后世称为迎亲，是新郎亲自到女方家中迎娶新娘。此前，男女双方都要做好必要的准备工作。男方要将寝室（后世称为洞房）布置一番，并将各种礼器摆放好。女方要在家庙为祖先神灵设好席位。新娘头戴发饰，身穿褖（tuàn）衣，待在房中，面朝南站立。新娘的父亲要亲自酌一杯醴送给女儿（醴女），等候迎亲。母亲站在房门外，面朝南。之所以选择站着这里，是象征亲手将女儿交给新郎。

新郎出发前，父亲也要为儿子酌一杯酒（醮子），

褖衣

墨车

并教导说："去迎接你的内助，以继承我们的宗庙祭祀。你要以身作则，并勉励她遵循妇道，继承先妣的美德。你的言行须合乎常道。"儿子回答道："是。唯恐我不能胜任，不敢忘记父亲大人的教诲。"新郎穿着盛大的礼服，乘坐墨车（黑色漆车，属于大夫车）前往。新郎的婚车有两辆副车。新娘的婚车与新郎的车子一样，也有两辆副车。迎亲人员穿着常礼服，有人打着火把，前行开道。新郎本是士，举行婚礼时却乘坐大夫等级的车子，礼称之为"摄盛"，此时不算僭越。

新郎来到女家大门外，主人（新娘的父亲）亲自出门迎接新郎。新郎捧着大雁，随主人来到堂上，迎宾的礼节都跟平常一样。到堂上后，新郎把大雁放在地上，再拜稽首。主人不答拜。这时新娘从房中出来，经过母亲左手边，来至父亲跟前。父亲为女儿正一下衣服，语重心长地说："你要小心谨慎，恭敬从事，从早到晚，不要违背公婆的教命。"母亲为她整一整衣带、帨巾，叮嘱道："你要努力，恭敬从事，从早到晚，不要违背妇道。"新郎降堂，出门，新娘跟随。新娘的父母并不降堂相送。出门后，新郎示意要亲自协助新娘上车，姆（女师，身穿宵衣）推辞（男女有别）。新娘登上婚车，姆为她披上罩衣，以遮挡灰尘。新郎亲自为新娘驾车，车轮转动三周后，交给车夫。新郎乘坐自己的车子，在前带路，

宵衣

陪嫁、送亲人员随同新娘前往。

共牢合卺（jǐn）

新郎将新娘迎接到家中后，要举行共牢而食、合卺而酳（yìn）的礼仪。古人实行分餐制，调味的酱、菜肴、主食、汤都是人各一份。而且礼法有明确规定，男女自七岁之后，就不可以同席共食。然而，举行婚礼时，新郎、新娘席位相对，中间摆放食物。主食、调味的酱与汤还是每人一份，主要的菜肴（肉、鱼等）却是共同的。因为肉来自同一个牲畜，而在宰杀之前，这个牲畜要在"牢"（圈）中单独豢养一段时间，所以此种礼仪称为共牢而食。

新郎、新娘先祭再食，只是象征性地吃一点，三饭卒食。赞礼者酌酒依次献给新郎、新娘，让他们漱口，安食气（酳）。初酳、再酳都是用爵，第三次酳则用卺。卺是把一个瓠（hù）瓜剖成两半，新郎、新娘各用一半饮酒。因为两者合起来就成为一个完整的瓠瓜，所以称为合卺。共牢、合卺之后，新婚夫妇便可以就寝了。

共牢、合卺有着深刻的寓意。根据礼仪，父子一体、昆（兄）弟一体、夫妇一体（《仪礼·丧服》）。但是，父子一体犹如首与足，昆弟一体犹如手与足，夫妇一体则与之不同，是胖（pàn，一半）合，犹如天与地、阳与阴，是对等的关系。共牢、合卺就是象征他们即将合体，从此尊卑相同。另外，两人此前并未谋面，比较生疏，通过这样的安排，希望打破隔阂，让他们能够迅速熟悉对方（《礼记·昏义》）。

共牢合卺是女子由为人女者转化成为人妻者的核心仪节，它蕴含的是夫妇一体，夫妻胖合，同尊卑的意义。

拜见舅姑

"洞房昨夜停红烛，待晓堂前拜舅姑。"（朱庆余《闺意》）婚礼次日，新妇要拜见舅姑（公婆），以完成由为人女到为人妇的身份转变。拜见舅姑的礼仪包括妇见、醴妇、妇馈、飨妇四个环节。

妇见

新妇早早起来，梳洗打扮一番，等待公婆的接见。天亮后，新妇在赞者的引导下，前往公婆的居所。公公坐在堂上主人之位（表明是一家之主），婆婆则面朝南坐在房户西侧（表明是主妇）。新妇捧着笲（fán，竹筐），里面放着枣、栗，从西阶升堂。新妇先来到

笲　　　　桥

公公跟前，作礼（拜），把笲放在席子上。公公抚摸一下笲，表示收下，站起来答拜。管家把礼物撤下。新妇从下人手中接过笲，里面放着干肉，拜见婆婆。婆婆端起笲，站起来答拜，把笲交给下人。新妇拜见舅姑，以修饰为敬，连盛放礼物的笲都要用布包裹，外侧是黑色的布，内侧是浅绛色的布。笲事先放在桥（木架）上。

新妇拜见公婆时，丈夫的兄弟、姑姑、姊妹等，也都在场，站在堂下。既然在场，也就相当于已经拜见过他们，不必再单独拜见。其他长辈，新妇以后还是要亲自到他们的居所拜见（《礼记·杂记下》）。

醴妇

新妇拜见公婆后，公婆要醴妇。醴妇相当于醴宾。新妇初见公婆，从西阶升堂，其实就带有宾客的意味。但是公婆与新妇之间，不能行宾主之礼，所以就由赞者代替公婆醴妇。这与成人礼，正宾醴冠者的用意是一样的。醴妇的仪节，与一般醴宾仪节基本一致。

妇馈

醴妇之后，公婆进入室内。新妇洗手，进献一头蒸熟的小猪给公婆，以表示从此要履行妇道，奉养公婆。公婆用餐毕，新妇要酌酒献给公婆漱口。然后新妇亲自撤食，并吃公婆剩下的饭食，礼称为馂（jùn）余。

陪嫁者要吃新妇剩下的饭食。

馈食、酳、馂余，是为人子妇者日常侍奉父母用餐的基本礼仪程序。馂余的用意是担心父母吃剩饭，因此子妇在父母吃饱后，就把剩饭吃掉。若是比较甘美的食物，可以让小孩子吃（《礼记·内则》）。新妇馈食、酳、馂余就表示从此要对公婆尽供养之道。

飨妇

新妇馈食之后，公婆共同设食招待新妇，用一献之礼。如果新妇是嫡妇，礼仪结束后，公婆要先从西阶降堂，然后新妇从阼阶降堂。这是表明将来要把家事传给新妇（以著代也。《礼记·昏义》）。新妇将剩下的牲体交给送亲人员，带回母家复命。

拜见舅姑的仪节，妇见、醴妇为一个整体，妇馈、飨妇为一个整体。妇见、醴妇时，公婆对新妇有以宾客相待的意味；妇馈、飨妇，则完全转化为对人伦名分的责成（新妇供养公婆，公婆接纳新妇）。这样的礼仪程序，由敬而亲，行之以渐，非常合理。

庙见

如果成婚时公婆已经去世，那么在婚后三个月，新妇就要到庙中拜见公婆（庙见）。拜见了公婆，新妇才真正成为男方家庭的一员。公婆去世，庙见就成为这种身份转换的关键。如果新妇不幸在婚后三个月内去世了，未及庙见，那么她就要葬在女方家族墓地，以表示她还未"成妇"（《礼记·曾子问》）。因为新妇没有庙见，就表示没有得到公婆的认可，不能算作男方家族的真正成员。

飨　宾

婚礼仪式完成后，公婆要分别设宴招待女方送亲人员。公公招待男宾，婆婆招待女宾，都要用五匹文锦（束锦）答谢宾客。

思考讨论

婚礼是怎样表现夫妇一体思想的?

链接

鹊巢

维鹊有巢,维鸠居之。之子于归,百两御之。
维鹊有巢,维鸠方之。之子于归,百两将之。
维鹊有巢,维鸠盈之。之子于归,百两成之。

(《诗经·召南》)

新婚

宋·梅尧臣

前日为新婚,喜今复悲昔。阃中事有托,月下影兔只。
惯呼犹口误,似往颇心积。幸皆柔淑姿,禀赋诚所获。

(朱东润《梅尧臣集编年校注》卷十六)

第四课　丧礼

魂与魄

季札出使齐国，在回程的路上，随行的长子去世了。季札把他埋葬在嬴、博二邑之间。埋葬好后，季札袒露左臂，向右绕着儿子的墓走，边走边号哭道："骨肉又回到土里去，这是命啊！你的精神却无所不往，无所不往。"

季札葬子

（《礼记·檀弓下》）号哭了三通，季札就又继续赶路了。

先贤把人的肉体称为魄，把人的精神称为魂，魄属阴，魂属阳（《左传》昭公七年）。魂与魄结合在一起，人才能活着。魂与魄永久分离，人便死亡。阴气重浊，趋于下沉。阳气轻清，趋于上扬。所以，人去世后，魂气归于天，形魄归于地（《礼记·郊特牲》）。

我国传统丧礼正是围绕着处理亡者的魂与魄而制作的。先贤用两句话概括丧礼的主题："送形而往，迎精而返。"（《礼记·问丧》）形，就是魄；精，就是魂。丧礼要把亡者的肉体送到墓地安葬，使形魄得其归属；同时要把亡者的精魂迎回家中安放，使魂气得其归属。现代社会，人们越来越重视临终关怀，希望病者能够少些痛苦，获得善终。而传统丧、祭礼仪，则可视为对亡者的终极关怀。

寿终正寝

当亲人病重时，子女就要把他移到正寝安养。正寝与燕寝相对。燕寝是日常起居之所，相当于卧室。正寝则是进行斋戒的地方。正寝清净、庄严，燕寝则相对喧嚣、亵慢。君子对待死亡不可随便，要死得其所，死得庄严。礼规定，"男子不死于妇人之手，妇人不死于男子之手"（《礼记·丧大记》），因为那样太亵慢了。所以，养病时就要到正寝中居住，头朝东卧在北墙下。

养病期间，侍者要经常给病人换上洁净的衣服。病人弥留之际，侍者要放少许丝絮在他的口鼻之上。丝絮颤动，说明病人气息尚存。丝絮静止，说明病人已经断气。

招　魂

古人认为，人刚去世，魂气离形魄还不远，可以用它所熟悉的物品，把它招回来，让它重新与形魄结合，那样亡者就得以复活。礼把招魂称为"复"，意为招魂复魄，希望魂气返回形魄之中，使亡者复活。

招魂，是子女不愿接受父母去世的事实，不忍心立即以对待死者的方式对待父母的表现，饱含着子女对父母的爱意（《礼记·檀弓下》）。招魂无效，父母复活无望，子女只能接受现实，着手办理丧事（《礼记·丧大记》）。

沐浴、饭含、袭

招魂之后，将尸体从北墙下迁到南窗下，头朝南。侍者给亡者脱去死时所穿的衣服，用衾被覆盖住尸体。修饰形魄，主要有浴尸、袭、小敛、大敛等仪节。

侍者为亡者沐浴，先洗头发，再洗身体。沐浴用的是淘米水，淘过的米将用来饭含。沐浴时，主人到房门外等候。四位侍者扯起衾被，遮蔽尸体。沐浴之后，侍者为亡者修剪指甲、胡须，把头发束起来，插上簪子，给亡者穿上明衣（干净的内衣）。

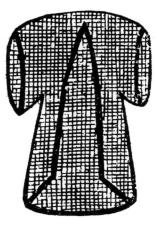

明衣

穿好明衣后，主人进入室内，亲自为亡者饭含。饭含之前，要先洗手。主人往亡者口中的左、中、右各放一枚贝壳，然后用米填满。孝子不忍心父母空腹离开人世，所以饭含是供养父母的一种表现。

饭含后，商祝（习商礼而任司祭的人）用布覆盖亡者的脸部，给亡者穿上鞋子，系好鞋带，把两只鞋子连在一起。接着，给亡者穿上三套衣服（对应生前的三套礼服）。为亡者穿衣，与生时相反，要左衽而且打成死结。然后，把亡者生前常用的手板（笏）、扳指（决）等都设好，把两手连在一起。设好后，用冒把尸体套起来。冒形如袋子，分为上下两部分（上为质，下为杀）。用的时候，先从下部套，再套上部，然后将上下的带子系起来。最后，仍用衾被覆盖住尸体。侍者把亡者的指甲等埋在两阶之间。此为袭。

沐浴、饭含、袭，都是去世当天，亲属为修饰亡者肉体（形魄）而举行的礼仪。

设奠、设铭、设重

古人认为，人死亡后，魂气会四处游荡，为让它有所依托，于是举行相应的礼仪。去世当天，主人家要设奠、设铭、设重（chóng）以作为亡者的精魂的凭依。

设奠

刚把亡者迁到南窗下，就要设奠祭祀。奠，是把物品放在地上的意思。按照经礼，平时祭祀，要立一位"尸"，代表先人接受祭祀。但是，亲人刚去世，子女不忍以鬼神之礼对待他，并不立"尸"，只是把祭品放在尸体的右侧。而且第一次奠祭，所用的器皿、食物都是亡者平常所用的，不可以立即从凶。

设铭

第一次奠祭之后，要把亡者生前所用的旗子插在西阶上，上面写着"某某之柩"的字样，此为设铭。铭，又称明旌，意为"神明的旌旗"。因为亡者形貌无法再看见，所以用他的旗子来表明身份（《礼记·檀弓下》）。明旌，后世演化为幡。

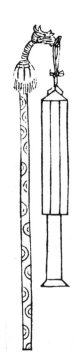

铭旌

设重

重是指木架。饭含之后，剩余的米要用两个鬲煮成粥，用布塞住鬲口，悬挂在木架的两旁，然后用苇席把重包裹起来，再把明旌挂在上面。此为设重。

经礼，下葬之后，才给亡者作木主（牌位）。此时，先设重，作为亡者精魂的依托，所以重相当于木主（重，主道也。《礼记·檀弓下》）。

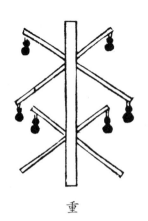

重

设奠、设铭、设重，都是去世当天，亲属为让亡者精魂有所依托而举行的礼仪。去世当天，丧主要派人通知亲友，乃至国君（讣告），亲友等可以前来吊丧。

小　敛

去世的第二天，小敛。敛，后世也写作"殓"，是为死者穿衣的意思。小，是相对大来讲的。经礼，士人小敛用十九套衣服，大敛用三十套。

清晨，丧家就把小敛所用的衣物陈列好。小敛之前，要用帷布把堂遮挡住。参加小敛的人员盥洗之后，才行事。有司在室内铺设小敛所用的席子。商祝把小敛用的衣物按顺序一层层铺在席子上，士人把尸体迁到敛席上，将十九层衣服，一层层包裹好（祭服包裹时，要左衽，与活着时相反），然后用衾被包裹，最后用布带捆扎，系成死结，布带横三竖一。敛好后，士人把尸体再迁回床上，撤去帷布。

小敛结束，主人分别在尸体东、西两侧，抚尸，顿足痛哭，顿足的次数没有限制。

主人与士人一起将尸体抬到堂中所设的夷床（即尸床）上，用衾覆盖尸体。主人、主妇等抚尸，顿足痛哭。主人拜谢前来助事

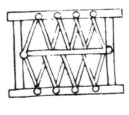
夷床

首绖　　腰绖

的宾客之后，穿好衣服（此前袒露左臂），戴上首绖（dié，麻做的丧带），系上腰绖。

小敛之后，尸体从室内迁到堂上，要祭奠一番，称为"小敛奠"。祭品是醴、酒、脯、醢、牲肉等。祭品放在尸体的东边，次日举行大敛之前撤去。小敛是进一步修饰尸体，小敛奠则是慰藉亡者的灵魂。

大 敛

　　去世的第三天，大敛。大敛的仪节跟小敛基本相同，是在阼阶上举行。大敛之后，要将尸体放入棺材。为方便起见，事先要在堂的西阶上挖一个坑，把棺材放进去。大敛结束，主人亲自与众人一起把尸体放入棺材中，然后加上棺盖。由于棺材放在宾位上，所以停棺于此称为"殡"。停殡期间，要在棺材四周各放上一筐干炒（熬）的黍或稷，用来诱惑蚍蜉，以免它侵害尸体。

熬筐

　　大敛的奠祭并不设在尸体旁边，而是要设在室中西南角（奥）。大敛奠的祭品比小敛奠丰富得多。

　　大敛奠结束，主人拜送宾客，然后到各自的丧次之中守丧。丧次是为守丧而搭建的临时性的棚子。这一天，丧服已经做好，居丧者都换上相应的丧服（三日成服）。

卜法图

　　跟小敛的性质类似，大敛是进一步修饰尸体，大敛奠则是慰藉亡者的灵魂。

　　士人、庶人都是三日而殡，三月而葬（《礼记·王制》）。另外，还要在此期间，选择阴宅，制作明器（陪葬品），选定落葬的日期。选择阴宅用蓍草推算（礼称为筮），而选择葬日则要用龟卜的方式（礼称为卜）进行。

朝　祖

下葬前一天，要将亡者的棺材迁到庙中，朝见先人。为人子者，出门之前要禀告父母。下葬相当于远行，人们体念亡者的孝心，在下葬前，让他辞别先人（《礼记·檀弓下》）。

到达祖庙后，众人从西阶把灵柩抬到堂上，安放在两个楹柱之间，头朝北。重放在庭中。有司设奠，祭品放在灵柩西边。

亡者生前乘坐的车子被拉进来，车上放着亡者的蓑衣、斗笠等物品，车子陈放在庭中，车辕朝北。天亮之后，驾车的马也被牵进来。主人痛哭顿足，马又被牵出去。这就像亡者在世时将要出行，先备好车马。

众人将灵柩从堂上抬下来，放在柩车上，并用绳索捆牢，然后把柩车装饰一番，装饰成宫室的形状，称为"柳车"。装饰柩车是为了避免送葬时招致路人的嫌恶。柩车装饰完毕，把明器等放入丧车。一切准备停当之后，已过正午。送葬前，还要设祖奠。古人出行，要祭祀路神，称为"祖"。祖奠，就是在亡者出发前，祭祀路神。

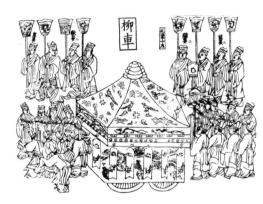

柳车

送　葬

朝祖次日为葬日。天刚亮，就要设遣奠。遣奠是葬前最后一次祭奠，规模较之前的祭奠都要大，因此又称为"大遣奠"。本来士人祭奠只用豕（特牲），三鼎。此时，礼数可以提高一个等级，用羊、豕（少牢），五鼎。祭品仍然设在柩车西侧。

　　商祝执持一块功布，指挥众人牵引柩车前往墓地。亡者亲属跟随，队伍的排列跟朝祖时一样（男子居右，女子居左，亲者在前，疏者在后）。若遇到道路崎岖不平，商祝就用功布指挥众人用力的方向，以保证柩车平衡。若是国君去世，乡师执纛（dào，旗子）指挥众人，方相氏执持戈、盾在前开路，辟除凶恶。

功布　　　　　　　乡师　　　　　　　方相氏

下　葬

　　送葬队伍来到墓地，众人把灵柩抬下车，并把牵车的绳索系到灵柩上。亡者亲属男东女西，站在墓穴两侧，停止哭泣。

　　下葬时，先在底下铺上茵（垫子）以防潮。众人执着绳索，缓缓将灵柩落入墓穴之中。明器放在棺材旁边，把棺饰加在上面，其他随葬品也都放入。然后加上折木（木板）、抗席、抗木，以承载土块。最后，往墓穴

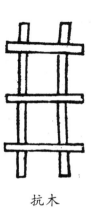

抗木

里填土。刚填三下土，主人就要拜谢送葬人员，然后顿足痛哭。

不等墓穴填好，主人等就要先返回祖庙中哭泣（反哭）。返回的路上，不可以驱车快进，这是因为按照当时的观念，孝子应该心中不忍，怀疑亲人的魂气还在墓地。

虞　祭

下葬之后，亡者的形魄已经得到妥善处理。但亡者精魂还没有得到很好的安置，所以丧礼并未结束。

下葬当天，从墓地返回之后，就要举行虞祭安神。士人举行三次虞祭，始虞在下葬当天。隔一日，再虞。再虞次日，三虞。

虞祭属于丧祭，主人与兄弟穿着丧服，宾客穿着吊服，仍在殡宫的寝室举行。古礼，祭祀立尸，作为祭祀对象的代表接受供养。虞祭时，男子立男尸，女子立女尸。尸一般由亡者的孙辈担任，男尸用同姓，女尸用异姓。为什么要立尸？亡亲已经下葬，再也看不见他的形象，立尸是为了让孝子心有所系。

经礼，虞祭之后，把重埋掉，才为亡者做木主（牌位）。由于还有很长的居丧时间，所以先用桑木做木主，桑与丧同音，表示尚在居丧，不能完全从吉。虞祭时，把木主安放在灵座上祭祀（《大唐开元礼》卷第一百三十九）。

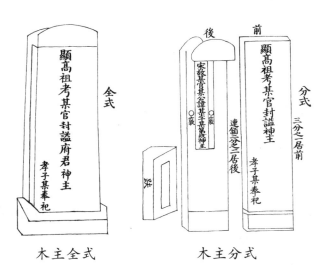

木主全式　　　　木主分式

丧　服

　　《礼经》中《丧服》的文字最为独特，它没有任何仪节，只是介绍五等丧服。它所规定的丧服制度对传统社会起到一种塑造作用。五等丧服是：斩衰（cuī）、齐（zī）衰、大功、小功、缌（sī）麻。从斩衰到缌麻，布料由粗而细，裁制方面渐加修饰。

　　居丧期间，随着时间的推移，所穿丧服有的要从粗疏变得精细，有的要直接除去，礼称为丧服变除。

斩衰　　　　齐衰　　　　大功　　　　小功　　　　缌麻

守　丧

　　虞祭之后，便进入守丧（或居丧）阶段。根据关系亲疏不同，丧期有长有短。儿子为父亲要守丧三年。守丧是丧家生活从凶到吉，逐渐恢复常态的过程。

　　去世一周年（此处指父丧）为"小祥"，举行祭祀。去世二周年为"大祥"，举行祭祀。大祥后隔一个月，举行禫（dàn）祭。禫祭是除服之祭。此后，完全从吉，丧家的生活恢复常态。

思考讨论

你参加过丧礼吗？你是否了解现代丧礼的哪些仪节是从古礼转变过来的？

链接

蓼莪

蓼蓼者莪，匪莪伊蒿。哀哀父母，生我劬劳。

蓼蓼者莪，匪莪伊蔚。哀哀父母，生我劳瘁。

瓶之罄矣，维罍（léi）之耻。鲜（xiǎn）民之生，不如死之久矣。无父何怙，无母何恃？出则衔恤，入则靡至。

父兮生我，母兮鞠我。拊我畜我，长我育我，顾我复我，出入腹我。欲报之德，昊天罔极。

南山烈烈，飘风发发。民莫不谷，我独何害？

南山律律，飘风弗弗。民莫不谷，我独不卒。

（《诗经·小雅》）

慈乌夜啼

唐·白居易

慈乌失其母，哑哑吐哀音。昼夜不飞去，经年守故林。夜夜夜半啼，闻者为沾襟。声中如告诉，未尽反哺心。百鸟岂无母，尔独哀怨深。应是母慈重，使尔悲不任？昔有吴起者，母殁丧不临。嗟哉斯徒辈，其心不如禽！慈乌复慈乌，鸟中之曾参。

（《白居易诗集校注》卷第一）

第五课　祭礼

祭礼

北魏寇治，兄弟之间友爱和睦，年虽衰迈，仍然同居。父亲已经去世多年，他们仍然在父亲所居住的房间里设置帷帐、几案、拐杖等日常用具。到了节令日子，就打开门户，兄弟排列好跪拜，含泪献祭，如同在宗庙中一样。家中发生吉凶之事，行礼之前，必定先禀告亡父。远行出门以及返回，同样如此（《魏书》卷四十二）。

人们常把子女对父母应尽的责任概括为养老送终，好像将父母妥善安葬，子女的责任也就终结了，其实不然。关于"终"，曾子指出，"非终父母之身，终其身也"（《礼记·内则》）。子女对父母的孝养是要终其自身一生，而不是终父母一生。安葬父母之后，子女对父母要"春秋祭祀，以时思之"（《孝经》）。

宗　庙

　　祭祀先人的建筑，古称"宗庙"，后世称"祠堂"。宗，尊也。庙，貌也。宗庙，是用来尊敬先人仪貌的地方。按照古礼，祭祀天神、地祇只修建祭坛，比如天坛、地坛、社稷坛，并不为它们建庙。

　　礼规定，营造宫室，应该先建宗庙，而且宗庙一般在宫室的东边，以示尊崇。即便天子也是如此，北京太庙（今劳动人民文化宫）位于紫禁城的东南，社稷坛（今中山公园）位于紫禁城的西南，此种结构，称为左祖右社。宗庙中所用的祭器，当然也应该优先制作。先人的遗物要妥善地保存在宗庙中。

家庙图　　　　　　　　　　祠堂图

祭　时

　　大自然季节的变换会触发孝子对先人的思念，所以最好的方式就是按天道行事，每个季节都祭祀一番，因此就有了岁时祭祀。岁时祭祀最早可能只有春、秋二祭，后来发展为四时祭祀（沈文倬《宗周岁时祭考实》，收入《菿闇文存》，商务印书馆，2006年，第360页）。

四时祭祀，主要是用四时所产出的粮食、果蔬祭祀先人。正月始食韭菜，就用它祭祀，春祭称为"祠"。四月麦子刚打下来，就用它祭祀，夏祭称为"礿"（yuè）。七月食黍稷，就用它祭祀，秋祭称为"尝"。十月进献稻子，就用它祭祀，冬祭称为"蒸"。这种祭祀安排"缘天之时，因地之利"，合乎天地之道。如果过了时节不祭祀先人，那就没有尽到为人子的责任（《春秋繁露·四祭》）。

程子设计，冬至祭祀始祖（又称初祖，指生民之祖），立春祭祀先祖（初祖以下，高祖以上的祖先），季秋祭祀祢（亡父）。朱熹《家礼》采纳了程子的设计。另外，《家礼》还规定，忌日要祭祀，三月（大概是清明时节）要举行墓祭（《家礼》卷五）。这些新规定都突破了古礼的范围，对后世影响很大。

斋　戒

先贤认为，魂气是一种清虚、精微的存在。祭祀要感动先人的魂气降临，就必须身体洁净、内心虔诚。所以祭祀之前要沐浴、斋戒。沐浴是保证身体洁净，斋戒是为了保证精神的诚敬（《春秋繁露·四祭》）。

斋戒分为散斋、致斋两个阶段。散，是粗疏之意。致，是细密之意。散斋的基本要求是：不御妇人（不过夫妻生活）、不听音乐、不吊丧、不饮酒、不茹荤。致斋的基本要求是存想先人的音容笑貌，具体是：思其居处，思其笑语，思其志意，思其所乐，思其所嗜（《礼记·祭义》）。先贤认为，散斋初步收摄身心，致斋凝神存想，到了祭祀当天才能感动先人降临祭祀现场。

立　尸

祭祀立尸与否，是古今祭礼一大差异。按照古礼，祭祀先人，乃至祭祀天、地等，都要立尸。尸是代表祭祀对象接受祭祀的人。先人的魂气精微，无形无象，立尸是为了让祭祀者心有所系，不至于荡然无依。

先圣对立尸做出了严格的规定。祭祀先人，尸必由祭祀对象的嫡孙担任，如果嫡孙年幼，祭祀时则要由人抱着。如果没有孙子，就请同姓的孙辈担任。主祭者的儿子，不可以为尸。因为祭祀时，尸要接受祭主的跪拜、献祭，如果儿子担任尸，有悖于父子之道。汉代以后，祭祀不再立尸（杜佑《通典》卷第四十八），而仅供奉神主。

馈　食

古礼立尸，其仪节多围绕着尸展开。祭祀之前，要筮尸、宿尸，犹如冠礼的筮宾、宿宾。祭祀当天的仪节主要是馈食。馈食，是尸代表祭祀对象接受主人、主妇的供养，蕴含父子之道。

馈食是祭祀礼仪的主体，被称为"直祭"（或正祭），主要包括九饭（此据士人礼，大夫十一饭）、三酳（又称三献）、馂余等环节。

九饭

因为尸相对于主人来讲是子侄辈，而主人尊敬尸只是在庙中，所以主人并不亲自迎尸，而是由祝迎尸。主妇盥洗，亲自把饮食摆放好，主人、宾客、有司协助。

尸就位，坐定之后，在佐食的协助下，依次祭酒、食，品尝酒、羹等。主人亲自为尸进献肵俎（qí。盛放心、舌的俎）。尸亲自取饭，吃了三口（三饭），便向主人告饱。祝替主人劝尸继续进食。尸又吃了三口（又三饭），再次向主人告饱。祝再次劝尸进食，尸又吃了三口（又三饭），然后告饱。祝又劝食，但是，尸不再进食，佐食协助尸把剩余的牲体放入肵俎。

三酳

九饭之后，主人酌酒，献给尸，称为"酳（yìn）尸"。其作用是漱口、安食气。尸酢主人，向主人致祝辞，主人进前听祝辞（礼称受嘏）。此为初酳。再酳由主妇进行，三酳由宾进行。

受嘏图

馂余

父母在世时，新妇供养公婆，公婆享用毕，新妇要吃剩余的饭食，称为"馂余"。祭祀之礼，尸的九饭其实相当于吃先人剩余的饭食。供养尸之后，也要馂余，作为祭祀的尾声。馂余象征广施恩惠，德泽下流（《礼记·祭统》）。如果祭祀不进行馂余的礼仪，那么祭祀就是没能善终。

九饭、三酳、馂余的实质是对先人的供养。祭祀馈食与生平供养父母礼仪的结构完全一致，都是先饭再酳，最后馂余。只是祭祀九饭、三酳，礼仪更加隆盛而已。由此可知，九饭与三酳、馂余的礼仪是一体的，它们共同构成馈食礼仪，是祭礼的核心环节。

后世的祭礼，废除立尸，改为供养神主，其仪节为进馔、三献（献酒）。

阴厌、阳厌

迎尸之前，主人先在室内西南角（奥）设馔飨神，称为"阴厌"。馂余之后，佐食撤去尸的馔食，设在室内西北角，称为"阳厌"。祝向主人禀报："供养之礼成。"于是，

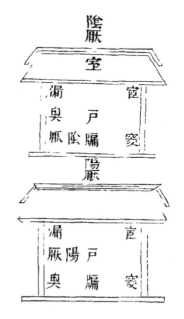

阴厌、阳厌图

祭祀礼仪正式结束，宾客等也都告辞而去。

宾　尸

　　卿大夫祭祀先人的礼仪，仪节与士人祭礼基本一致，只是等级更高。但在正祭之后，卿大夫要举行宾尸的礼仪。宾尸，是以宾客之礼待尸。宾尸在堂上进行，要选择一位宾客为侑（相当于饮酒礼的介）。宾尸的主要仪节是三献：主人献尸、献侑，尸酢主人，此为"初献"。主妇献尸、献侑，致爵于主人，尸酢主妇，此为"亚献"。上宾献尸，为三献。三献时，插入主人酬宾等仪节。

　　后世祭礼不再立尸，宾尸的仪节也就被取消了。

墓　祭

　　古时，埋葬亲人，并不封土成丘（墓而不坟）。孔子幼年丧父，后来母亲去世，不知父亲的墓在何处，请教了一位邻居的老母亲才得以让母亲跟父亲合葬。孔子念及自己居无定所，时常奔波在外，为防止再忘记墓地所在，就起了一个坟头（《礼记·檀弓上》）。古时也不会割掉墓地附近的草木，而任由它们生长，使墓地就像丘陵一样（《礼记·檀弓上》）。

　　周人祭祀先人要在宗庙中进行，不会在野外行事。为什么不可以墓祭？这是因为，古人认为墓地只是埋葬亡者肉体（形魄）的地方，肉体最终会重归于尘土。既已埋葬，对亡者肉体的处理也就完满了，真正要祭祀的是亡者的魂气，而不是形魄。但是，秦汉时代，君王陵墓附近设置园寝，也要岁时祭祀。而士大夫乃至普通百姓，也经常上冢祠祭（相当于后世上坟）。这些做法沿袭下来，遂成为风俗。

　　朱熹《家礼》规定：墓祭要先择日。墓祭前一天，要斋戒。墓祭当天一大早，主人亲自带领众人来到墓地，再拜致敬。然后，把墓地好好巡视一番。如果有杂草、荆棘，就清除掉，打扫干净。打扫干净后，仍然再拜致敬。还要在墓地左边，平整出一块地面，用来祭祀后土（土地神）。墓祭正式开始，铺设席子，摆好酒食，然后焚香降神，三献。献时祝辞，可以这样说，"某亲某官府君之墓，气序流易，雨露既濡，瞻扫封茔，不胜感慕"。献毕，辞神，撤去酒食（撤馔）。祭祀先人毕，祭祀后土，祝告一番，希望先人能得到他的护佑。祝辞可以这样说："某官姓名，敢昭告于后土氏之神，某恭修岁事于某亲某官府君之墓，实赖神休，敢以酒馔敬伸奠献，尚享！"祭毕，辞神，撤馔，退去（《家礼》卷五）。祭祀时的言容讲究文雅有序，官职等可以根据实际情况改定，其他可以遵照上面的祝辞执行。

我们今天清明墓祭应该遵循这种礼仪。现代人墓祭，不斋戒、不降神、不祝告、不撤食（祭祀后把祭品扔在墓地），也不祭祀后土，似可借鉴古礼合理的地方。

思考讨论

祭礼讲究"事亡如事存"，都表现在哪些方面？

链接

丰年

丰年多黍多稌（tú），亦有高廩，万亿及秭（zǐ）。为酒为醴，烝（zhēng）畀祖妣。以洽百礼，降福孔皆。

（《诗经·周颂》）

凫鹥

凫鹥（fú yī）在泾，公尸来燕来宁。尔酒既清，尔殽既馨。公尸燕饮，福禄来成。

凫鹥在沙，公尸来燕来宜。尔酒既多，尔殽既嘉。公尸燕饮，福禄来为。

凫鹥在渚，公尸来燕来处。尔酒既湑（xū），尔殽伊脯。公尸燕饮，福禄来下。

凫鹥在潨（cóng），公尸来燕来宗，既燕于宗，福禄攸降。公尸燕饮，福禄来崇。

凫鹥在亹（mén），公尸来止熏熏。旨酒欣欣，燔炙芬芬。公尸燕饮，无有后艰。

（《诗经·大雅》）

第六课　乡饮酒礼

　　孔子说："我观看了乡饮酒礼，就知道推行王道非常容易。"（《礼记·乡饮酒义》）孔子如此重视乡饮酒礼，所以他去世后，儒门后学便经常在他的坟墓附近讲习乡饮酒、大射等礼仪。直到西汉，都传习不绝（《史记·孔子世家》）。

　　乡饮酒礼究竟是怎样一种礼仪，孔子为何对它作出如此高的评价？

乡饮的功能

　　前贤认为，周代乡饮酒礼有四种类型：一是乡大夫宾兴贤能，三年举行一次，在正月举行。二是州长习射饮酒，每年春、秋二季举行。三是党正蜡（zhà）祭，每年岁末举行。四是卿大夫与国中贤者饮酒，没有固定的举行时间（龚向农《乡饮酒礼》（《三礼述要》之一），载《礼乐半月刊》第15期，第6页）。综合起来，乡饮酒礼主要有宾兴贤能与养老两大功能。

宾兴贤能

　　不论哪一个朝代、哪一个国家，选贤举能都是政治清明、社会安定的保障。贤能要靠教育来培养。我国早在周代就已经建立起完备的教育制度及贡士制度。当时二十五家为闾，设有学塾。每级地方政府都设有地方学校，国都之中设有大学（《礼记·学记》）。学校每隔一年考校一次，尊礼贤能，崇尚德行，同时剔除不肖，贬黜恶人。

　　根据《周礼》，距离天子都城一百里以内的地区为郊。郊分为六乡，乡下有州、党、族、闾、比五级行政单位。乡的长官为乡大夫，州的长官为州长，党的长官为党正。诸侯只有三乡。乡学称为庠，州学称为序。乡学每三年进行一次"大比"（大考核），考察学生的德行、道艺，并把贤能（贤指有德行，能指有才干）的学生举荐给国君（此为贡士）。乡大夫要以主人的身份，在乡学中与他们饮酒。饮酒时以宾主之礼行事，以示尊崇。这就是"宾兴贤能"。既然是宾兴贤能，那么参与礼仪的宾客就要根据德行、才能来确定位次尊卑。

唐代乡贡，也举行乡饮酒礼（《新唐书》卷四十四）。韩琬被举荐为茂才（即秀才），刺史行乡饮酒礼为他送行。礼仪上，主人举起酒杯说："孝于家，忠于国，今始充赋，请行无算爵。"（《新唐书》卷一百一十二）儒林人士都认为是极为荣耀的事情。但是随着科举制度的发展、成熟，贡士在选拔人才方面，只是科举的补充与辅助，乡饮酒礼宾兴贤能的作用也就大为弱化了。

乡饮酒礼

养老

党正在党学举行饮酒礼（党属于乡，因此也称"乡饮酒礼"），其主要目的是在养老，所以位次的排列，就以年齿定尊卑（正齿位）。行礼时，年龄最大的为正宾，六十岁以上的老人都坐在堂上，六十岁以下的人站在堂下侍奉。党正供养他们时，也以年龄为等差，供给六十岁的老人三豆（礼器，盛肉酱），七十岁的四豆，八十岁的五豆，九十岁的六豆（《礼记·乡饮酒义》）。

养老礼放在学校里举行，是为了"习乡尚齿"（《礼记·王制》)，让广大学子接受乡饮酒礼的熏染，养成尊长养老的品性，从而能够入孝父母，出顺长上。

不论哪种乡饮酒礼，都是以宾主之礼的形式进行，而党正举行的乡饮酒礼则偏重于人伦教化。乡饮酒礼宾兴贤能的作用弱化之后，其人伦教化功能便得到强化。

乡礼（包括乡饮酒礼、乡射礼）都已突破家族的范围，是一种社会公共的礼仪活动，所以采用宾主之礼的模式进行。它对塑造国人的公共意识具有重要作用。在古礼中，家族礼仪（冠、婚、丧、祭）主要梳理人伦关系，乡礼主要处理公共关系，相辅相成，堪称完美。

不论是哪种乡饮酒礼，其仪节流程基本一致。下面，我们根据《仪礼》所载，介绍一下乡饮酒礼的仪节。

谋　宾

乡饮酒礼的主人是乡大夫。行礼之前，乡大夫要与本乡贤达（乡先生）商量宾客的人选。既然是宾兴贤能，就要选择德行、才能最优秀的处士担任正宾，其次为介（次宾），其次为众宾。乡饮酒礼的核心人员就是主人、正宾、介、众宾之长（三人）。

宾客人选确定之后，乡大夫亲自登门邀请正宾。正宾先拜谢乡大夫屈尊来访，乡大夫答拜。乡大夫表达邀请之意。正宾礼辞，然后答应。正宾不固辞，因为学而优则仕，他平素就有出仕的志向。乡大夫告辞，正宾拜谢。然后乡大夫登门邀请介，其礼节与邀请正宾一样。

迎　宾

　　行礼当天，各种礼器摆放好，狗肉（乡饮酒礼用狗）煮熟之后，主人先到正宾家中邀请，然后再到介家中邀请。主人先回到乡学。介、众宾与正宾一道，随后前往。

　　主人在相者的协助下，在乡学大门外迎接宾客。宾客等来至门前，主人先向正宾再拜致敬，正宾答拜。主人向介一拜，介答拜。主人向众宾作揖，众宾答礼。然后主人向正宾一揖，进入门内。正宾跟介谦让，介跟众宾谦让，众宾也都相互谦让，鱼贯进入门内。随后主人引导宾客前进，每到转弯的地方，主人都要跟正宾谦让一番。主、宾来到台阶前，彼此谦让三次，主人从阼阶升堂，正宾从西阶升堂。介与众宾都暂时站在西阶下，面朝东。升上堂后，主人面朝北再拜，表达对正宾的欢迎与敬意。正宾也面朝北，答拜。

礼　宾

　　主人将正宾迎上堂后，就进入饮酒的环节。冠礼，主人用一献之礼招待宾客称为醴宾（也作礼宾。所用饮品为醴）。乡饮酒礼，主人用一献之礼招待正宾等人（用酒），其实质也是礼宾。

　　主人先与正宾行一献之礼。一献之礼包括献、酢、酬三个环节。主人亲自为正宾酌酒，奉上，称为献。正宾饮毕，也要亲自为主人酌酒，回敬主人，称为酢。主人饮毕，再去酌酒，自饮一杯，然后酌酒奉给正宾，称为酬。正宾接过酬酒，并不饮用，把酒杯放在左手侧。这是完整的一献之礼，包括献、酢、酬三个环节。

　　主人礼正宾毕，请正宾暂时降堂，请介升堂，礼介，这是遵循宾主"不参"的原则行事（参《中华日常礼仪基础教程》第三册）。主人礼介，只有主人献介、介酢主人，没有酬介的环节。介饮酒时，也要祭酒，但不啐酒，也不告旨。介酢主人，主人还是要祭酒、卒爵、崇酒。

主人礼介毕，请介暂时降堂，礼众宾。众宾并不回敬主人。

主人礼宾，正宾、介、众宾之长、众宾的礼仪逐渐减省。主人与正宾行礼，献、酢、酬的仪节完备。介，则省去酬，众宾又省去酢。饮酒的细节也有所减省。正宾、介、众宾待遇的不同，是根据德行高低而定的等差。

乐　宾

礼宾结束后，主人与宾客等相互作揖，升堂，各人就各自的席位（仍是站着），由主人的一位下属举觯于宾。举觯者先自饮一杯，然后为正宾酌酒，进献给正宾。举觯表示礼仪即将进入新的环节——乐宾。乡饮酒礼，乐宾包括升歌、笙奏、间歌、合乐四个流程，歌唱、演奏的都是《诗经》中的乐曲（详参《中华日常礼仪基础教程》第四册）。

旅　酬

乐宾告一段落，宾主之间要行旅酬之礼。旅，是指依次行礼。酬，是指先自饮以劝人饮酒。旅酬，就是依次自饮，以劝人饮酒。

礼宾、乐宾时，宾主之间并没有言语交流，彼此只是以礼相见。旅酬，彼此可以交谈。旅酬时，礼仪减省，不必洗酒杯，也不必祭酒。

燕　宾

旅酬之后，主人的两位下属分别举觯于正宾与介，表示礼仪进行下一个环节：燕宾。

礼宾、乐宾、旅酬，主人招待宾客的盛礼已经完成，酒也澄清了，菜肴也风干了，宾主也不免有些疲倦。此前主人、宾客都处于"张"的状态，张而不弛任何人都受不了。所以燕宾其实是宾主的一种放松（"弛"）。

无算爵

无算爵，是指宾主饮酒并不设置固定的量。这时觥筹交错，宾主饮酒尽兴，至醉而止。礼中所谓的"醉"，是指"卒其度量，不至于乱"（《说文解字》卷十四），并不是酩酊不省人事的状态。

无算爵时，参与饮酒的人，各随其量，能饮者饮，不能饮者停饮，不存在强人饮酒的情况。

一献之礼、旅酬的限制性很强，戒酒之意就寄寓其中。无算爵，才是为宾主尽兴而设，但又强调不可至于昏乱。

无算乐

无算爵时，演奏音乐可以间歌、可以合乐，没有限制，称为无算乐。无算乐，跟无算爵一样，都是为了让宾主尽欢。

乡饮酒礼，礼宾，先以礼饮酒，最后无算爵；乐宾，先依礼奏乐，最后无算乐。这样的礼仪设计张弛有度，充满理性，而又不乏温情。

送　宾

宾主尽兴，正宾起身告辞，主人送到大门外，再拜。正宾刚行至堂阶，乐工就演奏起《陔夏》。陔（gāi）有圆满完备之意。行礼终日，酒罢，以《陔夏》收束，表明宾主都没有失礼，活动非常圆满。

拜　礼

次日，正宾穿着乡服（昨天所穿礼服，即朝服），登门拜谢主人的恩惠。主人也穿着礼服出门，拜谢正宾屈尊光临。正宾即退去。

慰劳司正

主人脱去朝服，设宴慰劳司正。以司正为正宾，不设介，不必杀牲。主人可以邀请乡中的贤达参与，正宾、介都不再参加。宴会上，演奏乡乐（《周南》、《召南》六篇），可以随意点奏，不必拘礼。

思考讨论

乡饮酒礼中，主人礼宾时，正宾、介、众宾的待遇有何不同？这里面蕴含怎样的礼学思想？

链接

瓠叶

幡幡瓠叶，采之亨之。君子有酒，酌言尝之。
有兔斯首，炮之燔之。君子有酒，酌言献之。
有兔斯首，燔之炙之。君子有酒，酌言酢之。
有兔斯首，燔之炮之。君子有酒，酌言酬之。

（《诗经·小雅》）

三让月成魄（不得泛说乡饮之事）

唐·刘珧（yì）

为礼依天象，周旋逐月成。教人三让美，为客一宵生。

初进轮犹暗，终辞影渐明。幸陪宾主位，取舍任亏盈。

（《全唐诗》卷七百七十九）

第七课　乡射礼

　　武王伐纣，取得天下之后，纵马于华山之阳，放牛于桃林之墟，放下干戈，整顿军队，解除武装，向天下表示从此偃武修文，不再用兵（《史记·周本纪》）。周公摄政期间，更进一步，制作射礼，把杀人的武器（弓箭）转化为礼器。

　　射，是六艺之一。古时男孩出生，家人要用"桑弧、蓬矢六，射天地四方"（《礼记·内则》），以象征男子志在四方。男子衣服的佩饰有决、遂。决是扳指，遂是护臂，都是射箭所用的设备。男子去世，敛葬时也要为他佩带好决、遂。由此可见古人对射艺的重视。

　　《仪礼》中系统介绍射礼的有两篇：《乡射礼》、《大射仪》。乡射，是诸侯的州长每年春秋两季为教化百姓而举行的射礼。大射，是诸侯举行祭祀之前，为挑选助祭者而举行的射礼。《礼记》中还有一篇《投壶》。投壶是宾主燕饮时举行的娱乐活

投壶

动，其仪节与射礼类似，可以视为射礼的简化版。

　　诸侯举行射礼要先举行燕礼，士大夫举行射礼要先举行饮酒礼。燕礼与饮酒礼性质相同。从本质上来讲，乡射礼其实就是在乡饮酒礼中嵌入射礼。乡射礼是在礼宾、乐宾之后，举行射箭活动，然后再燕宾。乡射礼礼宾、燕宾的礼节与乡饮酒礼基本一致（只是没有介），其乐宾的礼节

比乡饮酒礼简单得多，只有合乐。

下面，我们着重介绍乡射礼射箭部分的礼节。

乡射礼是一种竞技性的礼仪活动，由主人与宾各带领一支队伍进行三轮比赛，称为"三番射"。三番射都由司射负责指挥，司马负责后勤。司射、司马都是主人的属吏。

一番射

射前准备

乐宾终了，主人任命一位属吏为司正，此后即将进入射礼环节。司射要先向宾请求开始射箭。请射时，司射戴上全副射箭装备：袒露左臂（袒），右手大拇指套上扳指（决），左臂束上护臂（遂），左手执弓，右手大指勾弦，指间夹持四支箭。司射从西阶升堂，面朝北，向宾禀告："弓箭已经准备好，执事人员请求开始射箭。"宾谦虚地回答道："在下才艺拙劣，不善射箭，但是替诸位先生应允了。"司射前进，来到阼阶上，面朝东北，报告主人："向宾请射，宾已应允。"然后司射从西阶降堂，命弟子们把射器搬进来，摆放好。有两位弟子上堂，画上射位（礼称为"物"。十字形，纵长三尺，横长一尺二寸）。司射装束如前，在堂西，选取六位德行、才艺优秀的州学弟子分别配成对（比耦），然后命三耦轮流取弓箭（每人四支箭）。

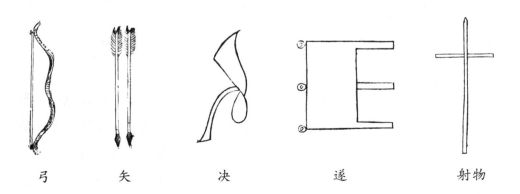

| 弓 | 矢 | 决 | 遂 | 射物 |

司射诱射

正式比赛之前，司射要为三耦以及在场人员做示范，执持弓箭的方式、行走过程中的揖让进退以及射姿等都做出标准的样式来。

古礼要求射手，"内志正，外体直"，"持弓矢审固"（《礼记·射义》），但没有详细记载射箭的方法。《明集礼》则对射法进行了介绍，并配有图样。我们不避繁琐，加以援引。

左肩与胯对垛（箭靶）之中，两脚先取四方立后，次转左脚，尖指垛中心，此为丁字不成、八字不就。

左手开，虎口微松，下三指转弝（bà，弓背中部）侧卧，则上弰（shāo，弓的末端）可随矢直指的，下弰可抵脾骨。此为靡其弰。

射法图（一）

右手摘弦尽势，翻手向后，肩、臂与腕一般平直，仰掌现掌纹，指不得开露。此为压肘仰腕。

《射经》云："无动容，无作色，按手颐下，引之令满，取其平直"，故曰：端身如簳（gǎn，箭杆），直臂如枝，发则靡其弰、压其肘、仰其腕。胸凸背偃，皆是射之骨髓疾也（《明集礼》卷三十五）。

第一条是讲射箭时的步法，两足先放正，然后转动左脚，把脚尖指向靶心。两足构成一个图形，有点像"丁"字或"八"字，但又不是，古人称此种步法为"不丁不八"。传统武术多采用此种步法，主要是为保证底盘稳固。

第二条是讲左手的姿势。开弓时，左手握住弓把，虎口放松。发射时，顺着箭势，左手下三指转动弓把，使弓的上弰指向箭飞出的方向，

射法图（二）　　　　　　　射法图（三）

弓的下弰抵住髀骨。此为"靡其弰"。

　　第三条讲右手的姿势。右手拉弦，把弓拉满。拉弓弦时，掌心朝上，肩、臂与腕保持平直，指头不可开露。此为"压肘仰腕"。

　　另外，射手在射箭过程中，表情不可发生变化。射箭时，胸口向前凸、背脊向后仰都是大忌。

　　司射示范毕，下堂，经过其堂下位置，来到堂西，另取一支箭，并取扑，插在腰间。扑是刑具，用来责罚那些行礼过程中违反礼仪的人。

扑

　　司马吩咐获者："执持旌旗，背侯站立"。获者："诺。"获者来到侯前，执持旌旗，背着箭靶站立等候。

三耦射

　　司射向三耦发布命令："上耦射"。上耦的上射、下射相互作揖，升堂，各就射位（上射位在西，下射位在东）。两人就位后，转头看一看靶位，然后等待司射的命令。

　　司马来到堂西，袒露左臂

上射、下射

（不套扳指，不戴护臂），执弓（无矢），升上堂，站在上射、下射之间，面朝西南。司马右手持弓梢，向南举起弓，向获者发布命令说："离开靶位。"获者执持旌旗高声喊道："诺。"从侯至乏（防护报靶人的设备），声音都不断绝。司马下堂。

司射来到堂前，站在西阶东，命令上射："不可射获者！不可惊吓获者！"上射作揖。司射退下。

于是，上耦开始射箭：上射先射一箭。射毕，抽出第二支箭，执持好。然后下射射箭。射毕，执第二支箭。上、下射如此轮流射箭，射完四箭。每射中，获者就举起旌旗高唱："获！"然后放下旌旗。举起旌旗时，声与宫音相合；放下旌旗时，声与商音相合。上耦射毕，降堂，次耦升射。就这样，三耦射完。司射升堂向宾禀告说："三耦卒射。"

司马升堂，站在射位之间，面朝西南，把弓向外平推作揖，命弟子："取矢！"获者执旌回答："诺！"获者执持旌旗由乏至侯，声不断绝，背侯而立。

司马从西阶降堂，命弟子设楅（射器，用以盛箭）。弟子们把射出的箭都找回来，放在楅上。

以上就是一番射。一番射只是相当于肄习（肄射），不计成绩，所以没有安排人员计分。

楅

二番射

较射

二番射，则是正式比赛（较射），需要计分，分出胜负。主人、宾、众宾都要参与比赛。主人与宾配成耦，主人为下射。众宾也都由司射配成耦。三耦分组轮流到楅前取箭，到堂西南就位。众宾则先到堂西取弓、箭，装备好之后，来到堂西南，站在三耦的南边。

射手就位后，司马命获者离开靶位。司射命上耦升堂就射位。一切准备就绪，司射升堂向宾请求释获（计分）。宾许可，司射降堂，命释获者（计分员）就位，设好鹿中（放算筹的

鹿中

算筹

礼器）、算筹。然后，司射来至堂下，对上射说："不射穿箭靶，不算成绩。"上射对司射作揖，表示领命。司射返回自己的位置。释获者准备妥当。于是开始比赛。三耦射完后，由宾、主人、大夫比赛。最后是众宾比赛。每当射中，获者唱"获"，释获者就放一根算筹在地面上：上射（宾党）的在右；下射（主党）的在左。

所有选手比赛完，释获者手执最后一耦所剩算筹，禀告宾说："左右卒射。"

释获者在司射的监督下，计算成绩。计算完成绩，释获者拿着胜方所赢的算筹，升上台阶向宾报告。若右（宾党）胜，则说："右贤于左。"

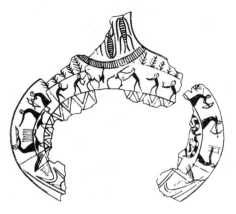

铜匜上的射礼（定襄出土）

较射

左（主党）胜，则说："左贤于右。"还要说清所胜算筹是几对，如有奇数，也要报告。如果平局，则从左、右各拿一枝算筹，报告说："左右均。"然后下堂返位，收拾好算筹。

饮不胜者

既已分出胜负，负的一方要饮酒。司射命弟子设丰（用来放酒杯）。胜方的年轻人洗觯，酌酒，放在丰上面。司射对三耦、众宾说："胜方坦露左臂，戴上扳指、护臂，执持上了弦的弓。负方穿好衣服，脱下扳指、护臂，执持下了弦的弓。"前者的种种做法是善于射箭的表示，后者则是不善于射箭的表示。司射命上耦升堂饮酒。上耦升堂，像射箭时一样，但是胜者先升

丰

饮不胜者

堂。负者取起觯，站着喝完，把觯放在丰的南侧，作揖。众宾继而升堂饮酒。饮酒毕，把丰和觯都撤下。

司马酌酒献给获者（报靶人），获者要依次在靶子的东、西、中三处设祭。司射酌酒献给释获者。这是对获者、释获者的慰劳。

三番射

三番射的仪节跟二番射基本相同，只是要用音乐节射，可以称为乐射。音乐响起（乡射礼用《驺虞》），上耦开始轮流射箭。三耦射毕，宾、主人、大夫等射，最后是众宾射。

只有合乎鼓点射中靶子，获者才会唱获，释获者才会计分。众人射毕，

取箭、计算成绩、饮酒等仪节都跟二番射一致。

　　饮酒后，参赛选手轮流取箭，然后交给执事人员。司马、司射命州学弟子把射器都撤去。射箭活动宣告结束。随后继续举行饮酒礼。

建鼓

乐射（左上部）

射　义

　　射礼是一种对技艺、修养要求极高的礼仪活动，蕴含着丰富的思想内涵。

不争之争

　　孔子说："君子无所争，必也射乎！揖让而升，下而饮，其争也君子。"（《论语·八佾》）君子处世，与人无争，但在行射礼时，却不可不争。行射礼时，上射、下射每到空间转换的地方，要相互作揖谦让。另外，酒是用来养老、养病的，射不中要饮酒，无功受养，君子不敢当，射礼争胜就有了"辞养"（《礼记·射义》）的意味。这也是谦让的表现。所以，举行射礼，射手所争的并不是名利，而是谦让之礼。

射以观德

　　射箭本就是要求身心高度和谐的运动，而射礼更对射手的容礼提出了严格的要求。行射礼时，射手不论前进后退，还是周旋转弯，动作都要符合礼仪。内心保持平静，不起波澜；身体挺直，不扭不曲；然后紧握弓箭，瞄准靶心。这样才有可能射中。尤其是乐射的环节，要求射手"循声而发"，若没有深厚的修养，是很难射中的。所以说，从射手在射箭时的表现就可以窥见其内在的德行。

反求诸己

孔子说："射有似乎君子，失诸正鹄（gǔ），反求诸其身。"（《礼记·中庸》）正鹄也就是靶心。射箭时，如果没有射中，射手只能从自身找原因，加以调整，然后再次发射，并不会埋怨自己的对手。我们立身行世，难道不也应该如此吗？

思考讨论

参加一次射箭活动，体验什么是"失诸正鹄，反求诸其身"。

链接

驺虞

彼茁者葭，壹发五犯（bā），于嗟乎驺虞！
彼茁者蓬，壹发五豵（zōng），于嗟乎驺虞！

（《诗经·召南》）

猗嗟

猗嗟昌兮，顾而长兮。抑若扬兮，美目扬兮。巧趋跄（qiāng）兮，射则臧兮。

猗嗟名兮，美目清兮，仪既成兮。终日射侯，不出正（zhēng）兮，展我甥兮。

猗嗟娈（luán）兮，清扬婉兮。舞则选兮，射则贯兮。四矢反兮，以御乱兮。

（《诗经·齐风》）

第八课　聘礼

聘礼

邾隐公朝见鲁哀公，子贡观礼。邾君高高举起玉，仰着脸，鲁君低低地接受玉，俯着头。子贡说："以礼来看，两位国君都将不久于人世。礼是生死存亡的主体，左右周旋、进退揖让，都要取法于礼，朝聘、祭祀、丧葬、征战也都要根据礼来观察。现在是正月，两君相见，行为都不合乎礼度，其心中已经没有礼了。朝聘是嘉事，不合乎礼，怎么能长久呢？高和仰，是骄傲的表现；低和俯，是衰颓的表现。骄傲接近动乱，衰颓接近疾病。君上是主人，恐怕会先死吧。"（《左传》定公十五年）当年五月，鲁哀公去世，子贡的预言应验了。

周代实行分封制，诸侯与诸侯之间、天子与诸侯之间经常有外事活动，以维持邦交、达成共识、处理国际事务。根据活动等级、规模的差异，有问、聘、朝、觐等不同的礼仪。一般来讲，小国之君来访称朝，大国之臣来访称聘。聘的等级比问高。朝、问也可以泛称为聘。

《仪礼·聘礼》记载的是诸侯派卿出访他国的礼仪，属于大聘（小聘使大夫）。它是现存世界上最早的成文的邦交礼仪。其礼节背后所蕴含的邦交原则，仍适用于当今社会。下面，我们即根据《仪礼·聘礼》介绍周代的邦交礼仪。

使前准备

外交是国家大事，出使之前，国君与执政大臣要审慎地谋划，做好充分准备。使者出发之前，主要有命使、授币、告庙、受命等礼节。

命使

国君与执政大臣决定聘问某国后，就要商定使者、上介（副使）人选。商定后，任命使者。使者再拜稽首，以不堪重任为由推辞。国君不许，再次命他出使，使者便领命。然后国君命上介，上介也礼辞一番，然后领命。礼辞是出于谦虚，不固辞是要尽臣子的职分。司马任命众介，众介都不推辞。使者为卿，则上介是大夫，众介为士，所以众介又可以称次介、士介。使者、上介、众介是使团的核心成员。出使时，还有其他人员随从，负责使团的后勤、防卫等工作。

授币

币，指聘礼所用的礼物，包括玉、帛、皮、马等。冢宰（宰相）开列礼单，命下属置备。出使前一天傍晚，将礼品陈列检视一番，确保没有差错。当着国君、使者的面，史官宣读礼品清单，有司逐一核对。核对无误，史官将礼品单交给冢宰，冢宰向国君汇报，然后把礼品单交给使者，使者转交给上介。有司们把礼品装车，上介负责监视，装载好后，有司留宿看守礼车。

告庙

出发当天一大早，使者来到祢庙（父庙），祝代替使者向先人禀告奉命出使之事，献上五匹帛（释币）。然后将帛放在竹筐中，埋在两阶之间。礼毕，把奉使出行之事告诉行神（道路神，位在庙门外西方），并献上一束帛，帛也要埋掉。上介也要告庙、告行神。

受命

上介、众介随从使者朝见国君，接受使命。使者的车子上插着红色的旗子（旃），以表明身份。冢宰亲自将圭（玉器）交给使者，圭放在一块华丽的丝帛上（缫），两人采取并授受的方式，都面朝国君，接受使命（受命）。此时，国君宣布使者出使的主要任务。为慎重起见，使者要把使命重述一遍（述命）。然后使者又接受本国国君、夫人送给主国国君、夫人的璧、璋、琮等礼物。

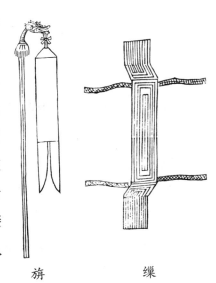

旃　　　　缫

使者受命之后，立即出发，不再返回家中，当天可以赶到郊区住宿。礼规定：凡为君使者，已受命，君言不宿于家（《礼记·曲礼上》）。在路上，有司把旗子收起来。

过邦假道

很多时候，所聘问的国家并不是本国的邻国，那么使团就要穿过第三国。为表示对他国的尊重，必须先假道（借道），获准之后再通过。当使团来到边境，使者派一位次介带着礼物（束帛）借道。使团暂时停留在边境上，使者誓众，严明纪律，禁止随从人员违反第三国的礼俗。次介来到朝堂，请求派人引导，并奉上礼物。第三国一般都会答应使团的请求，并给使团提供粮草，派士人作为向导，一路引领使团，直至送出边境。

来帛

如果使团经过第三国不借道，那会被认为是傲慢，甚至被视为侵略，从而引起国际争端。鲁宣公十四年，楚庄王想讨伐宋国，苦于没有正当理由，便心生一计：派申舟出使齐国，命他不要向宋国借道。申舟曾经得罪宋国国君，深知此行凶多吉少。楚庄王说："宋国若杀你，我必发兵讨伐它。"申舟来到宋国边境，依照王命，没有借道，便直接进入。宋人就把他们扣押起来。宋国执政大臣华元说："经过我们国家却不借道，这是把我国当作他们本国的县城。把我国当作他们的县城，这与亡国没有区别。杀了使者，楚国必然会讨伐我们。讨伐我们也是亡国，反正一样是亡国。"于是宋人杀了申舟。楚庄王接到消息，立即派兵伐宋（《左传》宣公十四年）。楚庄王故意"过邦假道"的礼仪，制造事端，挑起战争。

入　境

使团进入受聘国家的边境前后，需要举行肄礼、谒关、展币等礼仪。

肄礼

使团用土筑起一个高台，高台北边用帐子围起来，以此象征受聘国家的朝堂。使者穿上朝服，不设立主人，也不执持玉器，众介有的执皮有的牵马，肄习礼仪。使团只肄习聘、享礼仪，不肄习私觌（dí），也就是说只肄习公事，不肄习私事。

谒关

使团来至边境时，就要把使者的旗子打起来，誓众，申明纪律。使者谒见关人，说明来意，请求入关。关人询问使团的人数，以便提供粮草，使者只需告诉关人介的人数即可。关人上报之后，主国国君派士人前来，再次询问事由，并引导使团入境。

展币

使团入境后，把使者的旗子收起来，展陈行礼所用的礼物：玉、帛、皮、马等，检查有无遗失，逐一核对。为慎重起见，使团到了主国远郊、进入远郊的馆舍也都要展币。

郊　劳

使团来至近郊，又把使者的旗子打起来。主国国君先派下大夫询问他们此行要到何处。这跟派士人到边境询问事由一样，都是谦虚、慎重的表现。下大夫回去报告之后，主国国君派卿用束帛慰劳使者。由于行礼是在使者的馆舍中，所以使者为主人，卿则为宾。卿慰劳使者后，使者要傧（bīn）卿，傧即是以宾礼相待之意。使者送给卿四张鹿皮、五匹锦。夫人也派大夫带着两盒枣、栗慰劳使者。使者也要傧大夫，跟傧卿的礼节一样。下大夫遂带领使者入朝拜见国君。

致　馆

使者来到外朝，下大夫进入，禀告国君，然后传达国君的话语，说："已经打扫好祖庙恭候了。"使者回答："请等空闲再行礼。"使者不欲仓猝行礼，因为长途跋涉，需要休整，沐浴斋戒之后，才可行礼。

国君命大夫带领使者到馆舍去。那时没有专门的使馆，使者是卿，则要住在主国大夫的宗庙里。由卿致送馆舍给使者，并传达国君的命令。鲁昭公二年春天，晋国派韩宣子（韩起）聘问鲁国，同时报告他担任晋国执政大臣。同年夏天，鲁昭公派叔弓到晋国报聘（回访）。晋悼公派卿郊劳，叔弓推辞说："寡君派我前来维持两国友好关系，反复说：'你不要以宾客自居。'只要把君命传达给贵国执事，就是敝国的荣耀了。岂敢烦劳郊使，请允许我推辞。"晋侯派卿致馆，叔弓推辞说："寡君命我维持两国邦交，使两国友好结合，完成使命，就是我的福禄了。岂敢住进豪华的馆舍？"叔弓先国后己，应对得宜，受到晋人的赞许（《左传》昭公二年）。

宰夫穿着朝服为宾、介、上介等设飧（sūn），所设的有烹饪好的熟食（饪），也有已经宰杀尚未烹煮的生肉（腥），还有米禾、柴草等。飧是食不备礼的意思，因为完备的礼仪还要为使者提供活的牲畜（饩）。为表示对主国国君的尊敬，使者沐浴之后再进食。

聘　享

聘、享是聘礼的核心环节。聘相当于递交国书，享相当于馈赠国礼。

聘

聘礼当天，下大夫奉君命迎接使者。使者等来至庙门外，进入临时的次舍，有司陈设币帛等礼物。国君命卿为上摈，大夫为承摈，士为绍摈。摈是指国君派来接待宾客的人员。国君则要站在大门内准备迎宾。上摈引导宾进入大门。国君与宾一路揖让，来到庙门外。有司在堂上铺设席子、几案（为神所设），上摈出门请命。宾捧持圭，表示要行聘礼。国君与宾谦让一番升堂，宾面朝东传达本国国君的命令。两人在中堂（南北之中）偏东的位置完成交接仪式。宾降堂，出庙门。国君把圭交给冢宰，降堂，站立庭中。

享

享是献的意思，将国礼献给国君。已经行了聘礼，然后献礼物，是为了增进彼此的情谊。摈者再次出门请事。宾捧持束帛（五匹帛），上面放着玉璧，表示要行享礼。摈者入告，国君允许。宾进入庙门，与国君像刚才一样行礼，升堂。有司执皮（兽皮）、牵马也进入庭中。升堂后，宾传达本国国君的话语。国君再拜，从宾手中接过束帛、玉璧。士人从宾客手中接过皮、马。宾降堂，出庙门。国君把束帛、玉璧递给冢宰。享礼完成。

　　宾、国君在聘、享的过程中都要特别注意个人的礼容，因为此时他们的行为不仅关系到个人的脸面，更关系到国家的尊严。

捧帛　　　　　　　　　献马

　　国君夫人与国君一体，称为小君。所以使者也要聘夫人，馈赠国礼给夫人。聘夫人用璋，享夫人用琮（cóng）。其礼节跟聘国君、享国君是一致的。

　　古人爱玉，聘、享所用的圭、璋、璧、琮都是玉器。子贡对此有所不解，他从商人的角度思考这个问题，问孔子是不是因为玉少，

圭　　　璋　　　璧　　　琮

所以物以稀为贵。孔子指出，君子比德于玉：玉温润而有光泽，像仁；纹理缜密而坚硬，像智；虽有棱角却不会割伤人，像义；玉体垂之下坠，犹如谦卑，像礼；叩击玉，声音清扬，收声干净，像乐；瑜不掩瑕，像忠；色彩彰显于外，像信；玉气如白虹，像天；玉藏于山川，精气发露，像地。行聘时，只用圭、璋，不用其他物品，就如有德之人，无事不通。人人爱玉，就像万物都离不开道。《诗经》说："言念君子，温其如玉。"这正是君子贵玉的原因所在。

礼　宾

聘享结束，摈者出请事，宾告公事已毕。宾捧持一束锦，请求以私人身份拜见国君。摈者入告，国君推辞，提出要礼宾。宾礼辞，然后答应。有司将刚才的席子、几案撤去，为宾设席子、几案。国君出门迎宾，与宾揖让进入庙门，迎宾升堂。宰夫准备好几案，用袖子向内拂拭三下。国君从宰夫手中接过几案，向外拂拭三下，然后递给宾。国君又从宰夫手中接过醴，递给宾。宾祭醴，啐醴。国君送给宾五匹帛、四匹马。礼宾是对宾的酬谢。

私　觌

聘享、礼宾，都属于公事。礼宾后，使者要以私人的身份拜见国君。使者送给国君五匹锦、四匹马。私觌时，使者、主君更为放松，容貌和敬。然后介也以私人身份拜见国君，其礼轻于使者。聘享时，使者与主君所行的是一种近乎敌等的礼仪。私觌时，使者则以外臣的身份，降等行礼。

礼毕，国君送宾到大门内，询问使者聘君（使者本国国君）的起居情况，使者回答，国君再拜。国君又询问执政大臣的起居情况，使者回答。国君询问使者、介等旅途情况，慰劳一番。使者等再拜稽首，国君答拜。使者出门，国君再拜送宾，宾不回头。上摈送使者，使者请求允许聘问卿大夫。上摈禀告国君，国君礼辞，然后答应。使者遂回馆舍。

馈饔饩

使团停留主国期间，主国要为其提供所需的食物等。其中最重要的是饔（yōng）、饩（xì）。已经宰杀好的牲畜，包括烹饪好的（饪）与未经烹饪的（腥），称为"饔"。尚未宰杀的牲畜，称为饩。国君、夫人、卿大夫对使者都有所馈赠。

在此期间，主国可以邀请使者等参观宗庙、宫室，派专人引导。韩宣子聘鲁期间，就曾到鲁国太史氏那里观书，赞美周礼在鲁（《左传》昭公二年）。国君还要用飨礼、燕礼、食礼等宴请使者。

问卿大夫

使者先代表本国国君聘问主国卿大夫（礼称为"问"），赠送给对方的礼物是公币。然后以私人身份拜访卿大夫（礼称为"面"），赠送给对方的礼物是私币。上介、众介也以私人身份拜访卿大夫。另外，使者还要问候曾经出使本国的大夫，也要赠送礼物。这些都是为了增进彼此间的私人情谊。

返国前礼仪

使团返国之前，仍有种种礼仪需要举行，包括还玉、回赠礼品、送宾。聘礼所用的圭、璋，在使团返国前，国君派卿到宾馆还给使者。聘礼用圭、璋，本是表达重礼之意。还玉，也有重礼轻财之意。礼尚往来，聘君赠送礼品给主国国君，主国国君也要回赠以相当的礼品。主国国君回赠聘的礼物称为"贿"，是五匹纺（丝织品，送给对方用来做衣服），回赠享的礼物称为"礼"，同样是璧。

国君亲自到宾馆，存问使者。使者避而不见，表示不敢当。国君拜谢使者前来聘享，上介代表使者应对。国君退去，使者跟随，拜谢国君的存问。国君推辞，使者退还馆舍，收拾行装。

返国当天，使者到朝堂三拜，拜谢国君的赏赐。使团遂启行返国。当天，使团在近郊住宿。主君又派人赠送礼物给使团成员。这是对使者等以私人身份拜见时礼物的回赠。国君派士人护送使者，直至出境。

复　命

使团回到本国郊区后，要先请求复命。使者等穿上朝服，打起旗子，先襄除不吉，然后进入国都。有司把主国国君等回赠的礼物陈设在朝上。使者执圭，上介执璋，向国君复命，报告对方回赠礼物的情况。冢宰接过圭、璋。国君赞美使者等不辱使命，慰劳一番。国君命冢宰把私币赐给使者、上介等人。

使者、上介回到家中，先禀告先人，仍要献上币帛。随后设宴酬谢随行人员。

聘　义

聘礼作为邦交礼仪，究其本质，它是以国家为主体的宾主礼仪。它和以个人为主体的宾主礼仪具有一定的相似性。所以，宾主礼仪中的对等、差等、往来等原则也适用于聘礼。

聘君派什么级别的使者，主国国君也就派什么级别的臣子接待。使者虽是人臣，但行聘、享礼仪时，跟主国国君所行的礼仪基本遵循对等原则。只是到私觌时，才以臣子身份相见。聘君、主国国君相互馈赠的礼品也都相当，这些都说明聘国、主国是对等的关系。

另外，由于使者具有公、私双重身份，一方面代表国家（或国君），另一方面则是独立的个体。所以，行礼时一般要遵循先公后私的原则。如果公与私发生矛盾，使者则要选择公义，摒弃私利，有时甚至要将个人生死置之度外。聘礼的仪节，使者对主国国君先聘享后私觌，对卿大夫先问后面，都是先公后私之义。

周代邦交活动，还要讲究亲疏、大小的不同。周代诸侯有同姓、有异姓。在邦交活动中，位次安排、行礼先后，一般是同姓先于异姓。滕侯和薛侯都到鲁国访问，在行礼先后上起了争端。薛侯说："我们薛国受封早。"滕侯说："薛国是庶姓，我们滕国不能落后于薛国行礼。"鲁隐公派公子翚（huī）向薛侯请求说："承蒙君侯与滕君屈尊前来问候寡人。成周的谚语说：'山有木，工则度之；宾有礼，主则择之。'周礼举行盟会，都是异姓处后。如果寡人到薛国访问，不敢与任姓诸侯并列。"（《左传》隐公十一年）滕、鲁是姬姓，而薛是任姓，鲁隐公秉持同姓优先的原则解决了此次纠纷。

国家有大小，国力有强弱，虽说国与国之间名义上是对等（或平等）的，但大国能够担负更多的国际责任，对国际事务起主导作用。春秋时代在承认此项事实的基础上，总结出"小事大，大字（爱抚）小"的邦交原则。所谓"小事大"，是指随时供其所需。但大国并不苛责小国输送贡赋，而是重在名义上承认其宗主国地位。所谓"大字小"，是指体恤小国的匮乏。于是，在举行聘问礼仪时，大国对小国往往采取厚往薄来的原则行事。这样的邦交原则，必然对上述对等原则产生一种消解作用。

思考讨论

聘礼中，使者先公后私表现在哪些方面？

链接

安南行（送李景山侍郎出使）

元·袁桷

輶（yóu）轩使者安南来，紫泥封诏行风雷。湿云翻空海波立，铁网山裂狂蛟摧。神京煌煌镇无极，火鼠烛龙穷发北。弹丸之地何足论，蚯蚓为城雾为域。瘴江如墨黄茅昏，群蛮渡江江水浑。千年白雪不到地，十月青梅犹满村。赤脚摇唇矜捷斗，竹箭藏蛇杂猿狖（yòu）。崛强曾夸井底蛙，低徊自比泥中兽。龙飞天子元年春，万邦执璧修臣邻。朱干玉戚广庭舞，笑问铜柱今何人？君不闻重译之人越裳氏，有道周王输白雉。又不闻防风之骨能专车，神禹震怒行天诛。李侯桓桓水苍佩，舌本悬河四方对。后车并载朝未央，稽颡（sǎng）九拜乞取金印归炎荒。

（杨亮《袁桷集校注》卷第八）

第九课　燕礼

燕礼

鲁哀公结束对越国的访问回国，季康子、孟武伯到五梧（地名）迎接。郭重是鲁哀公的宠臣。鲁哀公设宴，孟武伯因为厌恶郭重，一边敬酒，一边取笑说："这人怎么如此肥胖！"季康子忙出来打圆场，说："请罚彘（武伯的名）酒。由于鲁国紧挨着仇敌，臣下不能追随国君出访，得以免于远行。郭重侍奉国君左右，非常辛苦。彘失言了。"鲁哀公借机讽刺道："此人吃自己的话吃多了（食言），能不肥胖吗？"孟武伯等人经常食言，因此哀公如此说。

一场好端端的宴会，闹得不欢而散（《左传》哀公二十五年）。

燕礼，其实质是君臣之间的饮酒礼。卿大夫完成一项任务，国君要举行燕礼予以慰劳。国家太平无事，政务之暇，君臣也可以燕饮。当然，外国使者访问本国，国君也要举行燕礼招待。饮酒礼是以宾主交际

的模式进行的（参《乡饮酒礼》），行礼时宾主对等。君臣饮酒，君臣自然不对等。燕礼既然属于饮酒礼，那就必须解决君臣之义与宾主对等的矛盾。调整宾主之礼以彰显君臣之义，就成了燕礼的主题。

戒群臣

饮酒礼，主人要亲自邀请宾客（戒宾）。燕礼则由小臣出面通知群臣。此时还没有设立宾主，参与宴会者的身份是臣。此处与一般饮酒礼的仪节不同，就已展示出君臣之义不同于宾主之礼。

陈馔器

燕礼在路寝的堂上举行。路寝是诸侯处理政务的地方。国君在路寝举行燕礼，是为表示对臣子的亲昵之情。

有司事先要将食物、礼器摆放好，食物、礼器各有定位。饮酒礼，酒壶、酒杯都是宾主共用。燕饮时，国君的酒壶称为"公樽"（也称"膳樽"），卿大夫用方壶，士用圆壶，各自陈放。国君的酒杯是象觚（用象牙装饰的酒杯），单独放在膳篚里面。

立宾主

宾主是饮酒礼中必不可少的虚位。君与臣行礼，既然不可以像常人一般宾主献酢，就必须加以调整。君臣举行燕饮时，国君不可以以主人的身份出现与群臣饮酒，要设立临时的主人与宾。一般是让爵位不高的宰夫作为献主，代替国君与臣子行宾主之礼。宾，则要以大夫充任，不可以让公、卿为宾。

如果国君与族人燕饮，要以异姓为宾。因为燕饮必须依照宾主之礼行事，而同宗没有以宾主的身份交接的道理。国君地位至尊，虽是族人也不敢与他行敌等之礼。所以由膳宰担任主人，与族人行礼。但席位的安排方面，国君要与族人按齿位就坐（《礼记·文王世子》）。可见，宾不可以选择同姓臣子担任。

后世燕礼，不再设立宾主，纯以君臣之礼行事，单方面强调臣子对国君的致敬。

礼　宾

燕礼的前半是礼宾。礼宾一般用一献之礼。一献之礼，我们在《乡饮酒礼》中已经做过介绍。此处不再详述，只稍作说明。

燕礼上，主人盥洗，从膳樽中酌酒，献给宾，宾先祭酒，接着啐酒告旨，然后卒爵（此为献）。宾盥洗，也从膳樽中酌酒，回敬主人，主人祭酒、卒爵，不崇酒（此为酢）。一般宾主饮酒，主人要崇酒，此处因为酒是国君所供，臣子要以国君的物品为美，所以不用崇酒。

一般宾主饮酒，献、酢之后，主人立即酬宾。燕礼，国君在场，主人要先献酒给国君，自酢之后，才可以酬宾，以完成一献之礼。

主人献宾、酬宾都是从膳樽中酌酒，这是代表国君尊礼贤者的表示。宾酢主人也从膳樽酌酒，这是向国君的代表致敬之意。主人酬宾前，自饮一杯，从方壶中酌酒，这是对臣子职分的自觉。燕饮过程中，臣子不轻易饮膳樽中的酒，这是尊君的表现。

四举旅

乡饮酒礼，主人的一位下属自饮一杯，然后酌酒献给宾，乐宾之后

宾才开始旅酬。国君为表达对宾的尊敬，则在乐宾之前旅酬。主人完成一献之礼后，小臣使两位大夫各自饮一杯酒，然后酌酒献给国君。国君举起酒杯来至宾前，酬宾。

国君在燕礼中，一共要四举旅。孔子曾指出，治理天下国家有"九经"（九种常法），其中有尊贤、敬大臣、体群臣。第一次为宾举旅，君臣之义、宾主之礼参合，相当于尊贤。第二次为卿举旅、第三次为大夫举旅，卿、大夫属于大臣，此举可视为"敬大臣"。第四次为士举旅，则可视为"体群臣"（《中庸》）。

乐　宾

礼宾之后，自然也是乐宾。燕礼的乐宾与乡饮酒礼的乐宾，从礼节到节目都基本一致。

升歌

主人献大夫之后，即开始升歌。之所以不在国君为大夫举旅之后升歌，应该是为表示对宾的尊敬。升歌曲目一般为《小雅》中的《鹿鸣》、《四牡》、《皇皇者华》。

笙奏

升歌之后，国君为大夫举旅，然后堂下乐工吹笙奏乐。

间歌

笙奏之后，堂上、堂下乐工要进行间歌。间歌，是歌唱与吹奏轮流进行，堂上唱一首歌，然后堂下吹奏一支乐曲，如此轮流作乐。

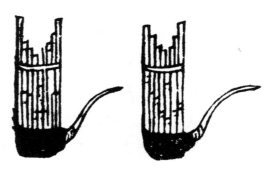

笙

合乐

间歌之后，要合乐。合乐，是歌声、众乐俱作，堂上、堂下共同奏乐。这时演奏、歌唱的都是《国风》中的篇章，具体是《周南》的《关雎》、《葛覃》、《卷耳》，以及《召南》的《鹊巢》、《采蘩》、《采蘋》。

舞蹈

燕礼，还可以用舞蹈娱宾。国君与臣子燕饮时，可以在合乐之后，舞勺（《仪礼·燕礼·记》）。"勺"，《诗经》作"酌"。《酌》是《周颂》中的

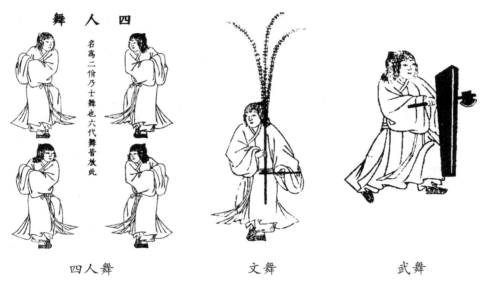

四人舞　　　　文舞　　　　武舞

一篇，歌咏武王用兵之事。郑玄认为舞勺是跳万舞，而演奏《酌》乐。这是赞美王侯，勉励他们建立功业的乐曲。

燕射

君臣欢燕，主人献士之后，还可以举行射箭活动娱宾。其礼节与乡射礼一致。国君参与射箭的话，要做下射。但是后世的礼仪，改成直接由皇帝先射，

燕射

然后臣子侍射。最终使其变成一种完全以皇帝为中心的礼仪活动。

燕　宾

礼宾、乐宾时，君臣都穿着鞋子升堂，而且大部分时间都是站着的。行礼既久，即便体格再强壮的人也不免有些疲劳，所以乐宾之后，即进入燕宾环节。燕宾，要脱去鞋子，安坐在席位上。根据史籍，宾主连袜子也要脱去，要光着脚。

卫出公与大夫在灵台饮酒，褚师比穿着袜子登上席子。卫出公大怒。褚师比辩解道："我的脚上生疮，与常人不同。如果看到了，君上会呕吐，所以我不敢脱去袜子。"卫出公更加愤怒。大夫们也替褚师比辩解，卫出公不予谅解。褚师比只得退出。卫出公不依不饶，喊道："我一定要砍掉你的脚。"故意要让褚师比听到。（《左传》哀公二十五年）卫出公因为不能礼敬大臣，最终被褚师比等人驱逐出境。

这时有司进献各种佳肴。国君命群臣都要尽欢。此时饮酒无算爵，各人尽各自的量。欣赏音乐，也无算乐。这些跟乡饮酒礼基本一致。

礼宾、乐宾，主要表达的是敬意。燕宾则是要尽欢心。君臣尽兴之后，宾、群臣在《陔夏》的伴奏下，出门离去。

燕　义

《仪礼》中的燕礼，要设宾主，君臣都在堂上，君臣之间有着充分的互动。旅酬时，君主甚至要亲自走到臣子跟前行礼。这是君臣之义与宾主之礼相参合的必然形态，君臣之间关系亲近而不失身份。朱熹敏锐地觉察到君臣关系的古今差异，他说：

古者公卿世及，君臣恩意交结素深，与国家共休戚，故患难相为如此。后世相遇如途人，及有患难，则涣然离散而已（《朱子语类》卷第一百九）。

古者君臣之间恩意深厚，并不完全是由公卿世袭造成的，更重要的是平素行礼时，君臣之间就是那般亲厚。后世君臣形同陌路，恐怕尊君抑臣的礼仪在其中起了重要作用。这种古今差异，可以看到宾主之礼会对君臣之伦起到一种调节、平衡的作用，使它不至于畸轻畸重。

思考讨论

燕礼是怎么处理君臣之伦与宾主之礼的矛盾的？

链接

四牡

四牡骓（fēi）骓，周道倭迟（wēi yí）。岂不怀归？王事靡盬（gǔ），我心伤悲。

四牡骓骓，啴（tān）啴骆马。岂不怀归？王事靡盬，不遑启处。

翩翩者鵻（zhuī），载飞载下，集于苞栩。王事靡盬，不遑将父。

翩翩者鵻，载飞载止，集于苞杞（qǐ）。王事靡盬，不遑将母。驾彼四骆，载骤骎骎。岂不怀归？是用作歌，将母来谂。

（《诗经·小雅》）

皇皇者华

皇皇者华，于彼原隰（xí）。駪（shēn）駪征夫，每怀靡及。

我马维驹，六辔如濡。载驰载驱，周爰咨诹（zōu）。

我马维骐（qí），六辔如丝。载驰载驱，周爰咨谋。

我马维骆，六辔沃若。载驰载驱，周爰咨度（duó）。

我马维骃（yīn），六辔既均。载驰载驱，周爰咨询。

（《诗经·小雅》）

第十课　公食大夫礼

　　周代，诸侯接待使者的礼仪有三种：飨礼、食（sì）礼、燕礼。飨礼主敬，燕礼主欢，食礼则是对贤者的供养（胡培翚《仪礼正义》卷十一）。飨礼失传已久，燕礼、食礼保存在《仪礼》中。使者停留主国期间，国君招待使者，举行一次食礼，两次飨礼，燕礼没有固定的次数，可见食礼的重要。《仪礼》中的燕礼，调和君臣之伦与宾主之礼，迥非后世尊君抑臣的燕礼所能比拟。而如果我们了解了《仪礼》中食礼的话，更可以破除对君臣之伦的偏见。

戒　宾

　　公食大夫礼是主国国君（以后简称国君）以食礼招待大夫（使者）的礼仪。国君派大夫到宾馆邀请使者。使者因为之前已经受过赏赐，不敢当此大礼，推辞三次，然后出门拜见大夫。大夫不答拜（因为他只是替国君传命），传达国君的命令。使者再拜稽首，表示接受。大夫回去复命。使者不拜送，直接跟随大夫前往。使者乘车而往，将要到达，下车步行，来到大门外，站在门西（门西是宾客位）。

迎　宾

　　有司事先已经将食物、器具陈设好。国君在大门内迎接使者（此时为

宾）。大夫引导使者入门。使者入门后，国君再拜致敬。使者退避一旁，表示不敢当，然后再拜稽首。国君与使者相互作揖，进入庙门，然后升堂。国君先升两个台阶，使者再升。升上堂后，国君面朝北再拜。国君刚拜一次，使者就降堂，面朝北答拜。使者拜时，相礼者推辞，不让他在堂下拜，国君降一个台阶。使者拜毕，栗阶升堂（栗阶参《中华日常礼仪基础教程》第一册）。国君不敢接受使者堂下的拜，命使者成拜。使者在西阶上，面朝北，再拜稽首。主国的大夫、士，聘国的介也都就位。

一般宾主之礼，迎宾时，宾主双方彼此对等。使者虽然是宾客，但他毕竟是为人臣子者，对国君来说是外臣。使者跟国君行一种近乎对等的礼仪，但也不能失了臣子的身份。国君拜迎，使者退避。国君先升两个台阶，使者才升。拜至时，使者到堂下拜。这些都是表明他外臣的身份。

卫国孙林父出使鲁国，鲁君登台阶，他也同时登台阶。叔孙豹相礼，见此情形，快步上前对孙林父说："诸侯盟会，寡君的位次从来没有排在卫君后面。现在你没有走在寡君后面，不知寡君错在哪里？请你稍停一下。"（《左传》襄公七年）孙林父作为外臣，居然与鲁君同时登台阶，可能只是偶然疏忽，但在鲁人看来，显然是对鲁君的不敬。

孙林父失礼

正　馔

国君以食礼招待使者，先设正馔，再设加馔。正馔包括：黍稷（主食）六簋；韭菹（zū，酱类）等六豆，鱼肉七俎（牛、羊、豕、鱼等肉类）、大（通"太"）羹一镫（dèng，瓦做的豆）、肉羹（汤类）四铏。当然还有酒。

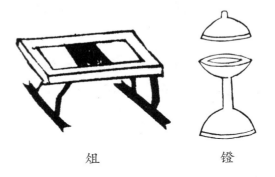

俎　　　镫

国君亲自为使者设醢酱、太羹。在设醢酱之前，国君要先盥手。国君设馔时，使者要推辞一番，并将国君所设食物向东移动一下，以表示不敢当此大礼。其他食物，则由臣子摆设。正馔设好后，国君再拜，向使者作揖，请他就席。使者答拜之后就位，逐一祭正馔，然后祭酒。

加　馔

使者祭正馔之后，主国要为使者设加馔。使者的加馔有：稻粱两簋、肉羹、肉片、烤肉以及相应的酱等十六品。国君亲自为使者设粱饭，使者同样要将粱饭向东移动一下。其他食物，由臣子摆设。

加馔设好之后，赞礼者传达国君旨意，请使者就席。使者坐在席子末端，在赞礼者协助下，祭加馔：先祭粱饭、米饭，然后一并祭各种肉类等。

正　食

祭完加馔，使者拜谢国君准备如此丰盛的菜肴。国君答拜。使者左

手端起粱饭，右手端起太羹，降堂，表示不敢在堂上进食，要到台阶下进食。国君推辞，使者把食物放在台阶西侧，面朝东回复，取起食物，栗阶升堂，把食物放回原处。使者再次降阶，推辞国君亲临自己进食，因为侍食是赞礼者的事情。国君答应。使者升堂，向国君作揖，主君退至东厢房等候。

使者就位，卷起加席。国君为表示对使者的尊敬，特在席子上又加了一重席子，称为加席。使者卷起加席，也是不敢当此大礼的意思。赞礼者把此事（使者卷加席）禀告国君，国君为免烦扰使者，不再推辞。使者吃主食，每吃一口，喝点太羹，并用肉蘸酱就着吃，吃了三口就告饱（三饭告饱）。宰夫端进一杯漱口用的浆饮（饮料）和放置杯子的丰。使者擦手，站起，接过浆饮。宰夫把丰放在米饭的西边。使者坐下，祭浆饮，然后一饮而尽，把杯子放在丰上。

侑　食

国君为劝使者多吃（侑食），在使者三饭之后，要赠送礼物给使者。礼物包括束帛（五匹帛）、兽皮等。国君将束帛亲自送给使者，兽皮则由有司交给介（使者的助手）。然后国君再次将使者迎上堂，请使者卒食。使者吃饱后，拜辞而去。

拜　赐

第二天，使者穿着朝服来至大门外，拜谢国君的赏赐，拜谢国君以食礼招待、赠送礼物，都是再拜稽首。负责接待外宾的执事人员把使者的话语转达给国君。

食礼之废

后世国君与臣子（包括使臣）举行饮食活动，都是采用燕礼的模式，而且是改造之后的、尊君抑臣的燕礼。食礼作为一项重要的国家礼典从礼制中消失了。

然而，食礼的模式却因养老礼仪的存在而依然保留了一段时间。据载，大舜用燕礼养老，夏代用飨礼养老，商代用食礼养老，周人参用三代礼仪养老（《礼记·王制》）。这样的话，商、周两代养老用食礼，就是国君跟本国臣子行礼采用馈食供养的模式了。唐代，皇帝养老就是采用食礼。行礼时，皇帝亲自"执酱而馈"、"执爵而酳"（《大唐开元礼》卷一百四）。宋代，皇帝养老虽然也采用食礼，但皇帝不再"执酱而馈"、"执爵而酳"，而是改由奉御（官名）代替皇帝行事（《政和五礼新仪》卷第一百九十七）。明清时代，虽然颁布了一些养老的法规，但皇帝养老礼已经从礼制中消失了。养老礼的消失，食礼的模式也就被彻底从礼制中抹去。

食 义

食礼，究其本质，属于馈食，是一种供养活动。它的仪节跟婚礼新妇供养舅姑以及祭礼主人供养先人的礼仪结构基本是一致的，只是没有馂余。因为按照礼仪，只能下馂上、贱馂贵。

食礼采用馈食供养的模式，国君反要屈尊进献食物给臣子，这在尊君抑臣的时代是无法接受的。这大概是食礼消失的根本原因所在。

思考讨论

食礼的本质是什么？后来为什么消失了？

链接

需雅（八首）

南朝梁·萧子云

农用八政食为元，播时百谷民所天。禘尝郊社尽洁虔，宴飨馈食礼节宣。九功惟序登颂弦。

感物而动物靡遂，大羹不和有遗味。非极口腹而行气，节之民心杀攸贵。宁为礼本饔与饩。

始诸饮食物之初，设卦观象受以需。蒸民乃粒有牲刍，自卫反鲁删诗书。弋不射宿杀已祛。

在昔哲王观民志，庶羞百品因时备。为善不同同归治，蔬膳菲食化始至。率物以躬行尊位。

雅有泂（jiǒng）酌风采蘋，蕰藻之菜非八珍。泂溪沼沚贵先民，明信之德感人神。譬诸禴（yuè）祭在西邻。

行苇之微犹勿践，宁惟血气无身剪。圣人之心微而显，千里之应出言善。况遂豚鱼革前典。

春酸夏苦各有宜，筐筥锜釜备糗（qiǔ）酏（yǐ）。逡巡揖让诏司仪，卑高制节明等差。君臣之序正在斯。

日月光华风四塞，规飨有序仪不忒。匪天私梁乃佑德，光被四表自南北，长世缀旒为下国。

（郭茂倩《乐府诗集》卷十四）

第十一课　觐礼

石碏调虎离山

州吁（卫桓公异母弟）杀死卫桓公，自立为君，却一直无法安定民心，便派亲信石厚向石碏（què，石厚之父）请教巩固君位的办法。石碏建议，觐见天子，得到天子的承认，君位就合法了。石厚询问怎样才能觐见天子。石碏说，陈桓公正受天子宠幸，陈国是卫国的友邦，可以朝见陈桓公，让他代为请求。石厚不知这是调虎离山之计，就跟随州吁到陈国去了。石碏派人通知陈国，轻而易举地除掉了两人（《左传》隐公四年）。

觐见天子的礼仪是怎样的？为什么它具有承认诸侯合法地位的作用呢？下面我们就来学习觐礼。

觐礼名义

觐礼，是诸侯觐见天子的礼仪。根据《周礼》，诸侯不同的季节朝见天子，其礼仪不同：春见曰朝，夏见曰宗，秋见曰觐，冬见曰遇（《周礼·春官·大宗伯职》）。汉代礼学家多据此认为《仪礼》中的《觐礼》就是诸侯秋季朝见天子的礼仪。然而，《周礼》的制度多是一种理想化的设计，并不是西周制度的实录，所以近世礼学家多不采纳"秋见曰觐"的说法。根据《觐礼》本文，诸侯以觐礼见天子应该不受季节的限制。

觐礼仪节

告祭

《觐礼》开篇就是郊劳，而在郊劳之前，诸侯在本国还有一系列的仪节，《觐礼》都省略了，在此稍作补充。

大夫出使之前，要告庙。诸侯出国，不仅要告祭宗庙，还要告祭社稷、山川。国君把国事托付给留守的大夫。祭祀行路之神，然后出发。可见，其规格要比大夫出使前的告祭高得多。而且诸侯用了币、帛、皮、圭告庙之后，并不埋起来，而是放到斋车上，作为随行的神主，带着一同出发。每天到了馆舍，要先祭奠随行的神主，才安顿下来。

郊劳

诸侯途径第三国、到达边境的礼仪，应该与大夫出使的礼仪类似。诸侯到达近郊，天子派人（若据《周礼》，则为大行人）慰劳诸侯。"诸侯"的本义是诸多位侯（国君），后来也可以单指一位侯。《礼经》比较严谨，一位侯称为"侯氏"，多位侯（包括公、伯、子、男）称为"诸侯"。

大概是因为馆舍空间狭窄，侯氏接受郊劳要在帷宫举行。帷宫是用帷幕把一块空地围起来，象征宫室。使者和侯氏都穿着皮弁服行礼。郊劳的礼节跟《聘礼》郊劳大致相同。

赐舍

侯氏至朝门外，天子赐给侯氏馆舍。使者传达天子的命令，说："伯父，你顺从王的命令，来到王朝，王赐给你馆舍。"

戒日

天子派大夫通知侯氏觐见的日期，说："某日，伯父遵循故事行礼。"侯氏再拜稽首，接受觐见日期。

受舍

觐见前一日，前来朝见的诸侯都接受次舍。次，是用帷帐搭建的供休息用的临时场所。这里为表示对天子的尊敬，称为舍。次日行礼时，侯氏可以在次舍休息。

觐

觐见天子之日，天刚亮侯氏便身穿次等冕服（裨冕），释币于行主，告诉先人即将觐见天子。礼毕，把币收好，等回到本国后，再埋起来。

侯氏乘坐墨车（大夫车）前往朝见天子，车上插着龙旂，把旗子张开

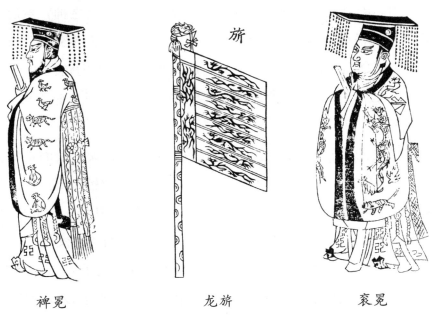

裨冕　　　　　　龙旂　　　　　　衮冕

来。侯氏觐见天子的礼物是圭。

摈、介传达侯氏请求觐见之意，天子答应其请求。侯氏从门的右侧（东侧）进入，把圭放在地上，再拜稽首。天子接受圭。侯氏降堂，再拜稽首。摈者请他升堂。侯氏升堂，再拜稽首，成礼，然后退出。

享

享，是献的意思。此处指献礼物给天子。觐礼有三享。三享的礼物是束帛加璧，以及本国的特产。

我们可以发现，觐礼的仪节跟聘礼的是相当的。聘之后要享，觐之后也要享。

请罪

觐、享，侯氏都是修臣礼、尽臣职。觐、享之后，侯氏要袒露右肩，请罪于天子。此举意谓，侯氏不敢确定自己治理本国或对天子是否尽职，一切要请天子评断。摈者禀告天子，天子回复说："伯父并没有什么过错，回去好好治理你的国家吧。"侯氏再拜稽首，走出庙门，穿好衣服，然后从庙门西侧进入。天子对侯氏旅途劳苦表示慰问。

侯氏请罪，仍是以臣自处，此为臣子不敢自专而应有之事（臣事）。及至天子说他无罪，侯氏臣礼也就算是做到位了。请罪之后，从门西进入，这就是宾礼了。

赐车服

天子赏赐侯氏车子、礼服，以表示对侯氏的认可与表彰。侯氏在外门外迎接使者，再拜致敬。车子陈设好后，公捧着装有礼服的筐，上面放着天子的命书。太史跟随，太史宣读天子的命书。侯氏降堂，再拜稽首。太史推辞，侯氏升堂再拜稽首，成礼。太史把命书放在礼服上。侯氏接过筐。公、太史退出，侯氏送出，再拜。然后，侯氏要傧使者，送给公、大史的礼物一样，都是五匹帛、四匹马。

飨礼

觐礼的正礼至赐车服，已经完成。其后天子要宴请诸侯，应该也可以有飨、燕等形式。侯氏回国前，天子也要还玉，回赠礼物。这些礼仪跟聘礼类似。行完这些礼仪之后，侯氏便首途回国。

会同礼

《觐礼》还记载了会同之礼。所谓"会"，是指没有固定时节的觐见。如果有不顺从天子命令的诸侯，天子将要征讨它。则在诸侯朝觐之后，在郊外筑起高坛，大会诸侯，宣布讨伐之事。所谓"同"，是指诸侯都来朝见天子。那时也要筑坛行事。其具体做法如下。

用土围起方三百步的矮墙，以象征宫室，四方各留一个门。在中间筑起一个方九十六尺、高四尺的坛。坛中放一个方明，以象征上下四方神明。方明是用木头做成的方四尺的六面体。六个

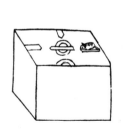
方明

方明坛

面分别涂上相应的颜色。六面各嵌有一块玉：上面为圭，下面为璧，南面为璋，西面为琥，北面为璜，东面为圭。

上介分别拿着他们国家的旗子，插在坛前相应的位置上，以作为国君位置的标志。不论是在坛的哪一面，都以左侧为尊。公、侯、伯、子、男各就其位。然后诸侯分别觐见天子，其行礼的仪节跟上面的觐礼类似，觐、请罪之后，天子慰劳诸侯。

如果会同是在春季，行完觐礼，天子率领诸侯由东门出城，礼拜太阳，然后返回，祭祀方明。如果是夏季，则要到南门外礼拜太阳。如果

是冬季，则要到北门外礼拜月亮和四渎（江、河、淮、济）。如果是秋季，则要到西门外礼拜山川、丘陵。

觐 义

根据上面的叙述，我们就可以知道，觐礼仪节主要是彰明君臣之义，明臣礼、臣职、臣事（《大戴礼记·朝事》）。诸侯在其本国，处于至尊之位，若不修觐礼，难免诸侯膨胀，目无天子。觐礼维持君臣名分，对诸侯具有一定的约束作用，维护了天下的安定。管子把礼作为维护国家安定的四维之一，是非常有道理的。

如果一味强调天子、诸侯之间的君臣之义，天子难免会忘乎所以，无所尊敬。为了避免这种情况出现，觐礼仪节是诸侯先以臣礼觐见天子，然后天子以宾礼待诸侯。而天子亲率诸侯朝日（礼拜太阳）或朝月等，是以身作则，向诸侯展示，即便贵为天子也有所尊敬，以此教导诸侯。

思考讨论

觐礼在明确君臣之义时，表现在哪些方面？

链接

韩奕

奕奕梁山，维禹甸之，有倬（zhuō）其道。韩侯受命，王亲命之：缵（zuǎn）戎祖考，无废朕命，夙夜匪解，虔共（gōng）尔位。朕命不易。榦不庭方，以佐戎辟（bì）。

四牡奕奕，孔修且张。韩侯入觐，以其介圭，入觐于王。王锡韩侯，淑旂绥章，簟（diàn）茀（fú）错衡，玄衮赤舄（xì），钩膺镂锡（yáng），鞹鞃（kuò hóng）浅幭（miè），鞗（tiáo）革金厄。

韩侯出祖，出宿于屠。显父饯之，清酒百壶。其肴维何？炰（páo）鳖鲜鱼。其蔌（sù）维何？维笋及蒲。其赠维何？乘（shèng）马路车。笾豆有且（jū）。侯氏燕胥。

韩侯取妻，汾王之甥，蹶（guì）父之子。韩侯迎止，于蹶之里。百两彭彭，八鸾锵锵，不（pī）显其光。诸娣（dì）从之，祁祁如云。韩侯顾之，烂其盈门。

蹶父孔武，靡国不到。为韩姞（jí）相攸，莫如韩乐。孔乐韩土，川泽訏（xū）訏，鲂（fáng）鱮（xù）甫甫，麀（yōu）鹿噳（yǔ）噳。有熊有罴，有猫有虎。庆既令居，韩姞燕誉。

溥彼韩城，燕师所完。以先祖受命，因时百蛮。王锡韩侯，其追其貊（mò）。奄受北国，因以其伯。实墉实壑，实亩实藉。献其貔（pí）皮，赤豹黄罴。

（《诗经·大雅》）

跋：观礼者说

辜鸿铭先生曾批评英文《礼记》译名不当，以为礼不是 Rite，而是 Art（周作人《生活之艺术》，载《语丝》第一期）。周作人也指出理想的礼仪应该是 The Art of Living（生活之艺术。周作人《礼的问题》，载《语丝》第三期）。

既是艺术，自然值得人们观赏，所以古人行礼常有一些观礼者。观礼者并不直接参与礼仪，他们有的是为了观摩学习，有的则只是要赏鉴评点。观礼者常会从美与善两个方面对礼仪活动进行评点。其评语会对其他人日后的礼仪活动产生一种导向作用、规范作用。从此种意义上来看，观礼者之于礼，正如评论家之于文艺作品，间接参与了创作活动。

研读经礼时，我常常变换自身的角色：时而融入其中，作为一名行礼者揖让周旋于其间；时而抽离出来，作为一名观礼者冷静地审视。而对后世的礼仪，我则更像是一位观礼者，通过与经礼的对比，考究美与善的流变，从而对其损益的得失进行评估。

家族礼仪，古今都要邀请宾客参加，但经礼中宾客担任重要角色（如祭礼，宾为终献），后世礼仪宾客已不甚重要，其实已从参礼者沦为观礼者。这种损益就使家族礼仪从开放变而为封闭，失掉了其原有的公共精神。乡党礼仪，经礼纯以宾主模式进行，后世则趋于人伦化。邦国礼仪，经礼总是用宾主之礼调节、平衡君臣之伦（如燕礼、公食大夫礼），而后世则取消了宾主之位，完全以君臣名分行事

（尊君抑臣）。这种种的损益，或许正是礼从 The Art of Living 转化为 The Rite of Living 的原因吧。The Rite of Living 并不是不好，只是失去了一股元气，不再像经礼那般活泼生动，拥有勃勃的生机。

孔子赞叹韶乐尽善尽美。音乐如此，礼仪又何尝不是如此呢？礼仪的美与善，既是内容的，也是形式的。经礼在内容与形式方面，真正达到了美与善的高度统一。庄子说，"以礼为翼"（《庄子·大宗师》）。这真是一个美妙的譬喻，我想，那翼一定是破茧而出之后翩翩起舞的翼，它是生命与生活得以升华的象征，而经礼就是那最轻盈、美丽的羽翼。

本书部分内容最早曾为"揆一讲经会"诸君讲习一过，与会诸君启我良多。梁宇女史为本书绘制了精美的插画。中华书局祝安顺兄、任洁华女史为本书的编辑、出版付出了大量的辛劳。谨志于此，以申谢忱。

本人治礼日浅，加以近年学殖荒落，书中不当之处，势所难免，尚祈海内方家教正。